XIN FAZHAN GEJU XIA
ZHONGGUO CHANYE JIQUN ZHILIANG SHENGJI KUNJING
JIQI TUPO LUJING YANJIU

新发展格局下

中国产业集群质量升级困境及其突破路径研究

肖汉杰◎著

中国财经出版传媒集团
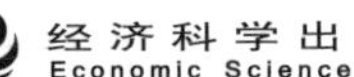
经济科学出版社
Economic Science Press

图书在版编目（CIP）数据

新发展格局下中国产业集群质量升级困境及其突破路径研究/肖汉杰著．—北京：经济科学出版社，2021.5

ISBN 978-7-5218-2593-0

Ⅰ.①新… Ⅱ.①肖… Ⅲ.①产业集群-产业发展-研究-中国 Ⅳ.①F269.23

中国版本图书馆CIP数据核字（2021）第095176号

责任编辑：李 雪 袁 溦
责任校对：齐 杰
责任印制：王世伟

新发展格局下中国产业集群质量升级困境及其突破路径研究
肖汉杰 著
经济科学出版社出版、发行 新华书店经销
社址：北京市海淀区阜成路甲28号 邮编：100142
总编部电话：010-88191217 发行部电话：010-88191522
网址：www.esp.com.cn
电子邮箱：esp@esp.com.cn
天猫网店：经济科学出版社旗舰店
网址：http://jjkxcbs.tmall.com
北京季蜂印刷有限公司印装
710×1000 16开 12.25印张 170000字
2021年5月第1版 2021年5月第1次印刷
ISBN 978-7-5218-2593-0 定价：56.00元
（图书出现印装问题，本社负责调换。电话：010-88191510）

浙江省哲学社会科学规划一般课题“全球价值链下浙江省产业集群质量升级的组合工具、方法及对策研究”（编号：19NDQN312YB）

前言 PREFACE

在第二次世界大战后，国际分工的主导形式经历了从产业间分工到产业内分工再到全球价值链（global value chains，GVCs）分工的演变。目前由发达国家主导的国际分工体系，高附加值部分则被其牢牢占据。集群企业在升级的初级阶段能够借助GVCs分工体系快速实现中低端升级，即完成产品和工艺升级，一旦进入链条和功能升级阶段，与价值链高端位置国家进行直接的战略竞争时，发达国家总是采取包括知识产权保护、贸易壁垒等方式让“升级者”锁定在中低端。新冠肺炎疫情发生后，由西方跨国公司主导的国际分工加速了全球价值链再分工，全球化和本土化的矛盾关系将会进一步加大，全球价值链分工地位争夺将会更加激烈，当前世界面临百年未有之大变局。

2020年以来，习近平总书记多次强调要“逐步形成以国内大循环为主体、国内国际双循环相互促进的新发展格局”①。同时，我们将迎

① 2020年7月21日，习近平总书记在企业家座谈会上的讲话。

来“十四五”（2021～2025年）发展时期，是我国全面建成小康社会、实现第一个百年奋斗目标之后，乘势而上开启全面建设社会主义现代化国家新征程、向第二个百年奋斗目标进军的第一个五年，我国将进入新的发展阶段。与此同时，全球价值链分工地位变革由表及里深刻影响着世界各国产业集群的战略规划和发展策略制定。国际分工中的竞争与较量依赖的是各国产业竞争力，提高国际分工地位最有效的途径就是实现产业集群升级。产业集群升级是世界各国提升国际分工话语权的重要支撑，也是我国构建双循环发展新格局的现实需求。随着全球价值链的深化变革和重构，全球产业链、价值链和创新链都面临断裂、重组和再分配，原有的资源交互路径和模式都会出现变化，产业集群升级也面临前所未有的瓶颈，归纳总结产业集群质量升级路径具有重要的理论意义和现实价值。

本书立足于双循环新发展格局，围绕着中国制造业产业全球价值链攀升的实现需求，从当前中国制造业产业集群升级发展面临的内部需求升级和外部需求突变的现实，分析发达国家采取的人力资本锁定和技术创新锁定的抑制策略及其带来的影响，探讨中国制造业产业集群质量升级路径及政策支持系统。最后，提出了顺应全球价值链分工地位变革潮流，积极布局我国产业集群自主创新和国际分工合作新战略。

作者

2021年5月

目录

CONTENTS

导 论

第一节 产业集群的概念起源、发展和特征

一、产业集群概念起源

亚当·斯密（1776）的《国富论》中最早提出了“cluster”一词，将其作为分工实质形式，亚当·斯密在《国富论》中并没有就集群的概念进行界定，但其提出的关于市场分工的概念对于后来经济学的发展和研究贡献巨大。马歇尔（Marshall，1890）对一定地区内特定产业部门的“本地化”集聚现象考察发现，外部规模经济会使企业集中在特定的空间地域，进而提出了“产业区”的概念，“产业区”形成的内在动力和外在原因还有待进一步研究。为此，马歇尔（1892）尝试从“本地贸易秘密”（local trade secrets）和“本地化技能”（localized skills）两个方面揭示产业聚集的原因①。此后，产业聚集的问题受到全球学者的高度重视，特别是意大利东北部地区的集聚特征和生产模式备受关注，很多学者专注于“第三意大利”、德国

① Marshall A. Principles of economics: Unabridged eighth edition [M]. Cosimo, Inc., 2009.

南部的巴登—符腾堡、美国加州的“硅谷”等企业集聚型区域研究，企图揭示产业聚焦的原因，进而构建产业集群，促进区域经济的发展。

意大利社会学家贝卡提尼（Becattini，1990）根据中小企业聚集现象提出了“新产业区”的概念，这一概念在经济学界和地理学界的研究中占据重要的位置，激起了学界复兴产业区理论的浪潮。在20世纪80年代，“新区域主义”思潮兴起，全球学者都在研究区域产业复兴问题，以迈克尔·皮奥里和查尔斯·萨贝尔（Piore M J & Sabel C F，1984）为代表的弹性专业化学派，以斯科特（Scott，1988）和斯托佩尔（Storper，1997）为代表的加利福尼亚学派，以欧洲创新环境研究小组（GREMI）为代表的技术创新学派，如艾达洛和基布尔（Aydalot & Keeble，1988）从制度、技术与组织变革，交易成本、劳动分工、生产垂直分离，创新活动和创新环境三个方面分析了产业聚集的动力和影响要素。在全球学者多角度的研究和阐释下，产业聚集的内在机理被逐步揭示，西方资本主义国家开始将产业集群发展纳入政府工作计划，进而促进经济发展。我国产业集聚相对于发达国家起步比较晚，但我国政府汲取了西方国家经济社会建设经验，十分重视产业聚集带来的经济效益和社会效益，中央和地方政府各部门都十分重视产业聚集优惠政策的制定、公共服务设施的建设，从而引导产业聚集。

二、产业集群的概念界定

在马歇尔（1890）“产业区”概念的基础上，哈佛大学的迈克尔·波特教授对于产业集群的研究贡献突出，其于1998年在著作《国家竞争优势》中提出了产业集群（industry cluster）的概念，产业集群是指“在特定领域中，同时具有竞争合作关系，且在地理上集中并交互关联的企业、专业化供应商、服务供应商、相关的产业以及相关的机构”，并明确指出国家竞争力与产业集群发展之间的关系，即国家竞争优势及竞争战略正是源于该国产业集群的发展水平①。迈克尔·波特教授在《集群与新竞争经济学》指出集群是都具有共性和互补性的大量企业及其服务机构联系在一起，形成一个有机的群体。自此以后，“产业集群”成为新竞争经济学中研究产业空间集聚现象的标准化概念②。

新制度经济学家也在产业集群的概念研究及其影响因素研究中取得了新的进展。新制度经济学家威廉姆森在其1975年出版的著作《市场和等级组织》中指出，产业集群是介于纯市场组织和科层组织之间的一种中间性组织。威廉姆森关于产业集群的界定概念在新制度经济学关于产业集群的研究中被多次引用，具有很强的影响力。在产业聚集的实证研究中，工业区位理论创始人阿尔弗雷德·韦伯（Weber A，1909）在其著作《工业区位论》中引入区位因素，阐释了大量企业、相关组织机构的相互关联作用形成交互网络化的聚集现象；以保罗·克鲁格曼（Krugman P R，1991）为代表的主流经济学派则通过构建数学模型，证明了空间集聚现象及其影响因素，从而使“集聚”主题的研究进入主流经济学的研究领域。

在产业集群的概念研究方面，我国大部分学者关于“产业集群”的定义是基于迈克尔·波特教授的定义演绎和延伸而来，是从不同角度对“产业集群”内涵的丰富和完善。国内学者对于产业集群的称谓很多，不同地方政府的工作报告和研究学者给出了不同的名称：产业（集）群、集群和簇群、产业园、产业示范区等。这些称谓的不同是由于来自不同的学科范畴的差异性，从而定义有所差别。从其组建的内在目的上来看，这些区域都具有产业集群的基本特征，都可以被视为是产业集群。国内学者对于产业集群定义可以分为三个方面：

① Poter M E. On competition［M］. Boston Harvard Business School Press，1998.

② Poter M E. Clusters and New Economics of Competition［J］. Harvard Business Review，1998，76（6）：77－90.

（一）从集群组织结构角度定义产业集群

国内很多学者借鉴了威廉姆森的新制度经济学理论。将产业集群视为中间性组织，并认为小企业集群中企业不需要依靠契约维持企业间的联系，是通过信任和承诺来进行协作（仇保兴，1999）。吴德进（2004）认为产业集群作为一种中间性体制组织，它是一个稠密的地方企业网络。陈赤平和丁建军（2009）认为产业集群是一种兼具企业科层组织生产特质和市场组织交易特质，但又有所偏离的混合性中间组织。产业集群送种处于企业与产业中间的组织形态，作为经济增长的“传动杆”，日益受到世界各国的普遍关注。

（二）从地理集中性的角度定义产业集群

国内很多学者观测到企业聚集在地理位置毗邻上，在区域范围具有集中性的特点，在迈克尔·波特的定义基础上，将产业集群界定为：地理空间上相互靠近且处于同一特定产业领域的公司和机构的集合体。例如，王缉慈（2002）在对产业集群的描述中十分重视集群企业在地理和产业层面的互补性和相关性，企业之间基于信任的互动、联系和合作能够产生外部经济，为企业带来效益。贺灿飞和潘峰华（2007）认为产业地理集中反映产业产值或就业集中在少数地区，大量相互联系的中小企业的地理聚集可成为产业集群。这些学者是基于产业聚集的特征提出的定义，并就其内涵做出了阐释。

（三）从企业和机构关联度的视角定义产业集群

国内很多学者认为产业集群中企业和机构关联度越高，企业和机构就越容易集聚，从而形成产业集群。产业集群并不是一个同类企业在同一区域的简单相加。魏守华和赵雅沁（2002）是从企业视角界定产业集群，认为产业集群一般是由密切关系的企业及机构为寻找合作竞争聚集而成。张明龙（2006）认为产业集群是现代空间经济的一种组织形式，由不同产业、企业和个人共同联结而成。王晓霞和张铁慧（2010）认为产业集群是组织关联度较高，而不是地理位置关联度较高的企业和机构聚集关联协作，“形聚更要神聚”，资源能进行集成整合，实现“1 + 1 > 2”的竞争优势。于喜展和隋映辉（2010）认为产业集群在聚集于某一区域内形成本地网络的同时，又有可能与全球网络进行连接，从而成为全球价值链（global value chain，GVC）[①] 的一环。

从国内外学者关于产业集群的界定来看，产业集群的定义与内涵略有差别，本书中对于产业集群的界定较为宽泛，主要从管理学角度出发，认为中小产业园、产业示范区、集群、群落等都可以视为是产业集群，即在组织上具有关联性、在地理位置上具有集聚性、在关系上竞争共生、在发展上立足专业特色的集合体。

三、产业集群的形成及其特征

（一）产业集群的形成

产业集群的形成方式有自发而成，也有人为促成，自发而成通常被称为生成性，人为促成被称为建构性。产业集群的生成是由于经济系统与地方环节因素相互作用的产物，从“第三意大利”的生产来看，产业集群在发展初期都是具有自发性的，通常是由于地方丰富的自然资源和充足的资本资源以及优质的劳动力资源满足企业发展的基本要素条件，在一定区域内要素条件的交互和作用使得企业能够形成产品生产能力，并吸引其他相近企业集聚，例如温州打火机、大唐的袜业、嵊州的领带业等。人为设计的产业集群是按照政府部门相关规

① 全球价值链是为了达到商品和服务价值创造的目的，将全球领域内的涉及生产、流通及回收处理等流程联结在一起的跨国际网络组织。其过程关联到原材料的采购、中间品的生产，以及最终的消费和回收处理等全部环节。

划，一步步建构而成，类似于建筑工程的制定优惠政策，吸引企业入园入区，为企业发展提供其需要的基本要素条件，从而逐步形成产业集群。当然，也有很多产业集群既有生成性也有建构性，这些产业集群发展初期多是自发而成，随着产业集群的发展，原有的发展要素和空间已经无法满足集群高级发展的需求，需要政府部门发挥其辅助性功能和服务功能，帮助产业集群向高级发展。这时产业集群发展到高级阶段需要合理的创新制度、适度的创新文化、持续的创新人才供给和创新技术等，这就需要国家从宏观层面进行制度设计和规划。此时，很多产业集群会成为国家或者区域战略产业，成为政府主动规划和扶持的对象，从而得到国家大力的支持，使得产业集群向高级阶段升级发展，如日本的家电行业、我国各地的国家自主创新示范区，特别是半导体行业、航空发动机行业等，这类集群就带有建构性。显然，产业集群建构性突出了政府部门的作用和价值，本书需要强调的是产业集群发展过程中，政府扮演的角色并非要干预市场竞争机制，而是要规范市场竞争秩序，鼓励正当竞争而非扭曲竞争，为产业集群的发展提供更好的市场环境。政府部门在优惠政策制定过程中总是引导资本向那些能影响产业联结的公共物品或准公共物品倾斜，而不是向某个企业或者厂商进行政策倾斜，在政府部门的引导下，产业集群高端发展所需的研发平台、人才培训机构和孵化器等获得政府部门的大力支持，公共产品和公共服务设施的不断完善，能产生巨大的平台效应，进而能使集群的建构性获得更健康的发展。

由于地域、政策差异，中国不同产业集群发展模式各异，产业集群形成的主动力存在较大差异。我国产业集群形成过程中主要动力有：（1）外商直接投资（FDI）[①] 驱动，生产出口产品为主的集群。这些产业集群主要集中在中国沿海城市，其中珠三角是典型代表，在

① 按照国际货币基金组织的定义，FDI是指在投资人所属国以外的国家所经营的企业拥有持续利益的一种投资，其目的在于对该企业的经营管理具有发言权。

改革开放初期，我国劳动力、原材料等生产要素的价格低廉，成本驱动使得外商直接在中国投资建厂，主要是将劳动密集的生产制造环节分离到中国。中国政府部门也为外商投资营造了良好的产业发展空间，中国很多企业借此为外商提供产品和服务，从而聚集形成产业集群，从代加工学习到慢慢参与设计和研发环节，使本土产业集群得到升级发展，电视机、冰箱和洗衣机等产业集群都有类似的成长过程。（2）中小型高新技术民营企业组成的高新技术产业集群。随着我国经济的不断发展，在政府引导下，建构了很多高新技术产业集群，这些企业大部分是中小型民营企业，具有一定的设计和研发能力，能够为国外企业提供核心零部件的设计、生产和制造，但缺乏核心技术的知识产权，对于核心技术仍然具有很高的依赖性。（3）由乡镇、民营企业集聚，发展传统产业所形成的传统产业集群。我国民营企业和中小企业大量聚集在我国乡镇区域，通常都是家庭作坊式，呈现村落聚集，这些民营企业通常依赖地方特色资源，依靠国内庞大的市场体系，从事中低技术产品的生产和制造，该类集群的特点是进入门槛较低、产能迅速膨胀、国内市场快速饱和，这类产业集群通常在市场机制下会快速消亡，如浙江洪合羊毛衫产业集群、磐安县香菇加工集群、景德镇陶瓷产业集群快速发展、快速消亡。发展至今，我国产业集群业态丰富、种类多样，但整体上缺乏核心竞争力，且产业集群更新速度过快，难以形成优秀和特色产业集群。

（二）产业集群的特征

产业集群通常在区域经济范围内具有鲜明的特征，多是基于某区域本土资源发展起来，这种资源有自然资源、人力资源、政策资源以及文化资源等，形成了种类繁多、特色鲜明的产业集群。产业集群的主要特征包括地理聚集、专业化、多元主体相互协作、社会根植性等，具体如下：

1. 地理集聚的特征

很多企业为了交易便捷、共享资源、降低成本，在一定范围内进行聚集，从而逐步形成群落，使得一定空间范围内的经济活动高度密集。地理聚集的空间范畴没有明晰界定，空间范畴可以很小，也可以很大，为此也有很多学者提出了度量产业在地理空间上集聚程度的指标和方法，例如基于标准差椭圆的空间聚集度（唐世芳，2019）、区位熵指数法（丁嘉铖，2021）。

2. 专业化

产业集群的专业化体现在内部和外部两个方面，在内部，产业集群内的企业通常集中在某一个或者几个相关联的产业，企业之间在专业领域内相互竞争，但又相互协作，使得企业资源能够得到优化配置，进而提升集群企业在价值链①上的竞争力。产业集群的专业化同时还体现在整个供应链企业和机构之间相互协作以及外部服务供给的专业化，确保产业集群整个体系运作的高质高效。因此，从整体来看，产业集群具有很强的专业性。

3. 多元主体相互协作

为产业集群发展服务的上下游企业、中介服务机构、科研机构和高校以及地方政府部门等多元主体间存在相互联系，并非孤立存在，彼此之间能够相互交流、学习和影响，构成了多元主体相互协作的网络和体系，为集群企业发展升级提供了重要的资源和要素，创造区域产业的竞争优势，带动区域经济快速发展。

4. 社会根植性②

在一定的空间内聚集成为产业集群，在这个空间内具有相同或相似的社会文化、政策制度、商业环境等，集群企业之间相互的信任与

---

① 企业创造价值的过程分解为一系列互不相同但又相互关联的经济活动，或者称之为“增值活动”，其总和即构成企业的“价值链”。

② 社会根植性是指产业集群长期积累的历史属性，是资源、文化、知识、制度、地理区位等要素的本地化。

满意使得企业粘贴在一起，增强了集群企业的竞争力，使得企业能够在当地社会中发展与提升。鲁格曼、波特和斯旺都认为产业集群成长存在一定的生命周期形态，即产业集群随着环境的变化，集群企业的竞争与共生关系可能会发展变化，产业集群也会有产生、发展、成熟和衰落的生命周期①，一旦大量企业迁出当地，产业集群甚至可能消亡。因此，为产业集群发展提供长期进步和转型升级的发展环境特别的重要。

5. 自我增强能力

产业集群形成后，企业、高校、科研机构和金融机构等多元主体协作关系更加紧密，在区域内形成良好的创新创业环境，加之，各种信息和知识在集群内快速流动和交融，使得整个区域弥漫着“产业空气”，受益的企业所产生的外部规模经济和外部范围经济，将会为整个企业带来蓬勃的创新活力和动力，既能激发集群内企业不断孵化、更新、突破和迭代，又能增强对集群外相关联企业和机构的吸引力，产业集群就能够不断地扩大规模、积累资源、持续增强优势，从而呈现出一种“路径依赖”和“累积因果”的自我加强过程。

第二节 产业集群升级的内涵、必要性与意义

一、产业集群升级的内涵

传统意义上的产业集群升级研究是从经济学的角度探讨产业结构或比例的某种变化或获利能力的增长，其本质是对产业升级的研究。

① 生命周期（life cycle）的概念被广泛应用于政治、经济、环境等诸多领域，其内涵为“从摇篮到坟墓”（cradle-to-grave）的整个过程。

产业升级是由低级向高级的转化，从宏观层面来看，产业升级就是指当资本相对于劳动力和其他资源禀赋更加充裕时注重发展比较优势，即能够增加产业总量。从微观层面来看，产业升级就是企业从生产劳动密集型低价值产品向生产高价值的资本密集型或技术密集型产品转变的过程，即能够现实产业结构的优化和转变。因此，从经济的集中表现来看，呈现出产出总量的增加和产业结构的高度化。产业集群升级和产业升级之间既有联系，又有区别。产业集群则是经济地理学的概念，产业集群升级不仅表现为产业升级，还呈现出区域地理与制度文化相关的区位升级，是集合体的整体升级。产业集群发展有其内在规律和生命周期（Ahokangas，1999），在历经起源和出现阶段、增长和趋同阶段后，最终总是要走向成熟和衰亡阶段。因此，从产业集群发展的生命周期来看，产业集群与其他众多组织系统一样，都会历经产生、发展、成长和衰退直至死亡（产业集群升级是指产业集群通过内部系统优化适应外部系统变化的过程，走向合理化、高级化，核心竞争力不断提升，产业链横向、纵向影响力不断加强，并逐步从区域发展到面向国际化，最终占据全球价值链中高端环节。例如，现在的好莱坞、硅谷等集群，已进化到处于在世界范围内执本领域牛耳的地位）。产业集群发展到一定的阶段，由于本土资源枯竭、创新资源流失、创新机制僵化和市场环境变化等原因，集群就会出现退化，退化的最直接表象就是产业优势的丧失，如当前韩国的造船业、日本的钢铁行业和西欧的纺织等老工业区，这些产业集群曾经是世界各国学习的榜样，但随着外部市场环境的变化，自身创新机制失灵，产业集群自身陷入自我“锁定”效应和路径依赖①，导致产业集群发展脱离市场需求，原有的竞争优势逐步丧失，市场地位逐步被替代，最终被挤出市场，从而衰亡。因此，产业集群为了保持内部创新发展的生机

① “锁定效应”本质上是产业集群在其生命周期演进过程中产生的一种“路径依赖”现象。“路径依赖”特征则将诱发产业集群生命周期演化中的“锁定效应”，并导致产业集群衰亡。

活力和应对外部环境变化带来的挑战，需要通过持续的升级发展保持集群核心竞争力和竞争优势。

国内外学者主要从产业融合与价值链攀升两个基本视角理解产业集群升级概念：一是指集群企业间以及集群企业与外部企业间所缔结的网络结构的变革；二是指集群企业网络结构变革支撑下的集群发展能力的更新，具体表现为通过企业创新活动实现集群在全球价值链上的攀升①。因此，本书在产业集群升级研究中，主要从两个视角探讨产业集群升级路径：一是基于全球价值链视角探讨产业集群沿着价值链两端延伸路径，二是基于产业集群内部视角探讨集群企业创新协同的路径，从而促进网络结构变革，实现产业集群升级的路径。

二、产业集群升级的必要性与意义

产业集群升级是产业集群自身周期性发展的内在需求，否则产业集群就会消亡，影响地方经济发展。同时，按照迈克尔·波特的产业集群竞争优势理论，产业集群发展水平的高低将会影响国家竞争力，从全球价值链来看，产业集群如果被锁定在价值链中低端，该国发展空间和自主权力将会受到限制。为此，产业集群升级成为当前产业经济学和经济地理学等学科关注的重点内容。总而言之，产业集群升级的价值不仅体现在企业发展、地区经济建设方面，还体现在国家核心竞争力方面。产业集群升级对于地方经济社会发展和国家竞争力提升都具有重要价值和意义。

（一）我国产业集群升级的必要性

1. 防止产业集群衰退的必要

产业集群无论是成长性和建构性或者二者兼而有之，其发展规律

① 王娇俐，花磊，王文平．基于集群企业网络的产业集群升级研究综述［J］．技术经济，2011，30（8）：64－68.

和其他组织系统一样，总是有其衰亡的过程，这是任何产业发展演化都要经历的基本规律。一个产业集群经过10年的发展基本上比较成熟（Poter M J，2003），此时，产业集群基本形成了路径依赖，集群内部产能过剩、过度竞争，从而导致拥挤效应①、柠檬市场②，创新的路径依赖和技术锁定等，就会导致产业集群绩效降低，很多企业大量迁出，若不及时升级则可能出现衰退。尽管产业集群的竞争优势有目共睹，很多国家都发展出了多种多样的产业集群，产业集群发展为国家和区域经济发展做出了重要贡献，但很多产业集群也无法摆脱衰亡的命运，例如，美国宾夕法尼亚州匹兹堡钢铁产业群、中国浙江省温州桥头镇钮扣小食业群、浙江省永康市保温杯企业群等（罗勇、曹丽莉，2008）。这些衰落的产业集群给当地产业带来了较大冲击，如大量的工人失业，区域经济发展倒退等。理论研究和实践经济都表明，集群企业要在劳动密集型和资本密集型产品贸易中获得竞争优势，最好的办法就是实现产业集群整体的升级发展（Poter M J，1998）。为此，很多地方政府不仅关注产业集群的形成和建构，更加关注产业集群的衰退，应对衰退最好的方式就是产业集群升级。正因如此，我国政府十分重视产业集群的转型升级问题，例如，习近平主席在中央经济工作会议和企业家座谈会等重要会议中反复提及产业集群转型升级问题。我国很多地方政府制定了一系列促进产业集群升级的财税政策，例如，全国31个省（自治区、直辖市，不包括港澳台地区）发布的2019年政府工作报告，赛迪智库规划研究所以“集群”为关键词进行统计分析发现：全国有24个地方政府提出要打造集群，也有24个地方政府明确提出集群打造计划，占比达77.4%

① 拥挤效应是指种群增长过程中随着密度增加而使种群增长速度降低的现象。按照逻辑斯谛增长规律（logistic growth），在有限的环境中，随着种群密度上升，种群增长率不断下降，至停止增长。相似地，产业集群所在的空间也是有限的，不可能承受集群规模的无限增长。

② 柠檬市场效应是指在信息不对称的情况下，往往好的商品遭受淘汰，而劣等品会逐渐占领市场，从而取代好的商品，导致市场中都是劣等品。

（赛迪智库规划研究所，2019）。

2. 防止我国产业集群竞争优势不断减退的必要

我国产业集群从行业部分来看，多数以传统制造业为主，2019年我国百强产业集群分布相较于2007年，虽然很多产业集群实现了转型升级，在汽车、船舶工业、高铁等领域有了长足进步，但产业集群仍然以低附加值的劳动密集型产业集群为主的基本形态没有发生改变，当前我国产业集群主要聚集地仍然是浙江，产业集群包含五金、陶瓷、木业及家具、服装、家用小电器等，这些中小产业集群为浙江省经济发展做出了重要贡献（吴利学、魏后凯和刘长会，2009），这些产业集群发展成熟，正面临衰退的挑战。随着我国劳动力成本的不断上升，这些传统制造业领域的集群的成本优势将不复存在，劳动密集型产业集群升级压力日益增加，这些产业集群若任其衰亡，将会给浙江省地方社会稳定带来巨大冲击，其升级不仅对浙江省地方经济发展具有重要的价值和意义，对整个中国经济社会的稳定都有深远的影响和价值。在新发展格局下，我国产业集群必须在需求侧供应高端产品，满足国内市场消费升级的需求，同时积极参与国外市场竞争，从而实现经济发展的内外联动和循环。随着发展水平的提升，廉价要素不再是国家竞争优势，逐步形成的超大规模市场才是真正的优势，超大规模市场可以帮助我国产业集群在未来发展中拥有国外高级生产要素，从而确定新的竞争优势。

3. 克服产业集群“空洞化”① 和投资“飞地”的必要

正是由于我国很多地区产业集群处于衰退期边缘，如果没有新的产业集群出现，就会出现“空洞化”，产业集群将会停止发展，将会造成经济陷入不断下滑的困境。为此，产业集群升级也是为了防止出现“空洞化”。同时，在全球化背景下，我国珠三角和长三角等地聚

① 产业空洞化，指已有产业处于衰退阶段，而新的产业还没有得到发展，或者新的产业发展得不够充分，并且不能弥补已有产业衰退的影响，造成经济陷入不断下降甚至萎缩的现象。

集了很多由跨国公司投资形成的产业集群（有学者称其为“嵌入式”产业集群，也有学者称其为“外源型”产业集群），这些跨国公司缺乏根植性，其投资目的是为了获取经济利益，一旦投资市场发生变化，我国现有投资区域的价值出现下滑，资本将发生转移，而其对于我国地区产业经济的发展置之不理，从而导致地区经济出现下滑，大批工人失业，区域出现就业困难的乱象。为此，这种嵌入式产业集群使得我国局部地区面临“空洞化”的威胁。产业集群升级能够一方面确保本土投资价值，降低跨国公司转移投资的意愿，另一方面产业集群使其公司之间关系更加紧密，增加了其转移投资的难度。因此，产业集群升级不仅能够提升企业核心竞争力和在国际分工中的地位，还能提升区域市场投资价值，从而有助于克服产业集群“空洞化”和投资“飞地”①。

4. 提升产业集群创新能力的必要

产业集群自发形成过程中通常基础要素要求较低，产业集群容易在多个地方发展形成，即使是由政府主导建构的新兴产业集群，其要素虽然较为复杂，但由于多数产业集群初期都缺乏核心技术作为支撑，创新资源还未汇聚，此时，产业集群容易被模仿。同时，在绩效考核的激励下，各地方政府都期待利用本地资源发展产业集群。而很多地方产业发展资源具有相似性，为此，彼此之间相互模仿，同质产业集群快速发展，产业集群在市场竞争中主要通过低成本获取竞争优势，为此，导致恶性竞争，即使创新也着眼于成本降低型能力和同质性生产规模扩大能力的获取，而并非核心技术创新或者产业质量提升创新（张杰、张少军和刘志彪，2007）。产业集群企业多偏向于“小而全”的单打独斗式创新活动，缺乏与他人合作创新的意愿，且大

① “飞地”是指我国一些行政单位的辖区分布在其他行政单位的辖区内，或夹在两个行政单位的交界处而被隔开不与其“母体”相毗邻的区域。

部分集群企业都是采取跟随创新[①]策略，当国内外出现新的技术和方案，都遵循“拿来主义”，主动适应市场需求的原创或突破性创新远远不足，一旦出现技术封锁，产业集群发展直接面临衰退风险。事实上，近年逆全球化导致我国产业集群在国际贸易中处于不利地位，产品出口受到诸多限制，高端制造业领域产业集群发展陷入“卡脖子”困境。

产业集群升级倒逼集群企业必要提升创新能力，加强创新资源的交互和融合，并瞄准产业关键核心技术主动创新，通过提升产品质量来获得更多收益，并实现产业集群核心竞争力提升的目的。在新发展格局下，国内产业集群面临新的历史发展机遇，可以基于内需来争取国内外高级的创新要素，提高对创新要素的全球配置能力，进而提升产业集群创新能力。譬如，利用内需市场的规模效应，培育中国的巨型跨国公司，促使其发展为全球价值链的“链主”，形成以出口产品差异化和低成本竞争优势为特征的全球性垄断竞争格局。

（二）产业集群升级的价值和意义

按照波特的产业集群竞争优势理论，产业集群发展水平的高低将会影响国家竞争力，从全球价值链来看，产业集群如果被锁定在价值链中低端，该国发展空间和自主权力将会受到限制，企业在国际竞争中也会处于劣势，整个国家和社会的发展将不可持续。因此产业集群在建设完成后需要不断进行升级，从全球价值链来看，需要不断向高附加值端进行攀升。从区域经济发展来看，产业集群升级发展能够培育区域特色产业，助力区域产业发展，为地区生产总值带来较大增量，缓解当地就业压力，优化区域工业化、市场化、城镇化联动发展模式，辐射带动整个区域经济高质量发展，进而提升整个国家国际分工地位

---

① 跟随创新是指在已有成熟技术的基础之上，沿着已经明确的技术道路进行技术创新，如在原有技术之上将技术更加完善、开发出新的功能等。

和国际竞争力。从集群企业来看，产业集群升级发展一方面能够通过转型和迭代形成新的内动动力，不断聚集经济，帮助企业降低合作和搜寻成本，在短期内提高成本优势；另一方面产业集群升级发展过程中大量的创新资源和要素都聚集、扩散和转移，从而激发企业在新的领域不断创新发展，提高专业化程度，提升产业核心竞争力，并通过示范效应带动集群内的其他企业提升竞争力，促进产业集群创新生态系统持续升级，从而不断提升产业集群整体专业化水平和竞争优势。

第三节　国内外及本书对产业集群升级路径的研究

一、国内外有关产业集群升级路径的研究

随着全球经济发展格局的进一步演变，关于产业集群升级路径的研究也在不断深入，已有众多学者开展对产业集群升级路径的研究，但专著相对较少，与本书有关的研究主要有以下几个方面：

（一）全球价值链视角下产业集群升级路径的问题

从全球价值链的视角寻求集群转型升级的支撑，即将集群嵌入全球价值链中，从全球价值链低附加价值的生产制造向高附加价值设计、营销等环节移动，以获得更多价值增值，实现集群升级。沿着“价值链治理—产业集群创新”的线索，从外部联系的角度，探索产业集群转型升级机理。理论基础为全球价值链理论，模型要素主要包括全球价值链的嵌入、价值链驱动力、价值链治理等方面。运行机制是外部联系机制。

国外学者基于全球价值链视角研究产业集群升级路径主要集中在两个方面。第一，全球价值链治理角度的产业集群升级，主要分为购

买者驱动和生产者驱动两种类型。如卡普林斯凯和莫里斯等（Kaplinsky R，Morris M et al.，2002）通过研究发现，英特尔（Intel）采用典型的生产者驱动模式，而随机存取存储器（RAM）是利用硅谷分包体系方式的购买者驱动模式，推动产业集群升级。汉弗莱和施米茨（Humphrey J & Schmitz，2002）把全球价值链治理分为四个模式：距离型市场关系、网络型关系、准层级关系、层级关系，提出产业集群的升级可分为遵循渐进的工艺流程升级、产品升级、功能升级和链条升级（如图 1－1 所示）。第二，全球价值链下产业集群升级路径分析。美国杜克大学学者格里芬（Gereffi，1999）总结了亚洲服装产业升级的典型案例后提出，功能升级可沿着 OAM－OEM－ODM－OBM 这样的路线持续迈进，逐步实现由全球价值链底层向高端的升级。卡普林斯基（Kaplinsky R，2000）提出产业集群嵌入全球价值链可分为两种方式：低端道路和高端道路。芬斯特拉等（Feenstra R C et al.，2006）分析了全球价值链下集群企业产业升级存在的关键难题，探索了技术创新、管理创新等升级路径。弗雷德里克和格里芬（Frederic & Gereffi，2011）以中国的服装产业集群为例总结出升级的形式：产品升级、工艺流程升级、功能升级、供应链的整合升级。

项目	工艺流程升级	产品升级	功能升级	价值链条升级
发展轨迹	↓ ——————————————————————→			
例证	委托组装（OEA） ↓ 委托加工（OEM）	自主设计和加工（ODM）→	自主品牌生产（OBM）→	链条升级 例如从收音机生产到计算机等
经济活动中非实体性程度	附加价值的非实体性内容逐渐增加 ——————————————————————→			

图 1－1 产业升级一般轨迹

国内学者基于全球价值链视角研究产业集群升级路径可大致分为三个方面：第一，产业集群的升级就是从价值链的低端向左右两边延伸，即从低附加值的制造环节向高附加值的设计和营销环节转变。邓兴华等（2017）、林学军和官玉霞（2019）等认为处于价值链低端的产业集群由于不需要投入研发和品牌创建成本，可以通过嵌入全球价值链获得持续较高收益，但容易被替代，这些产业集群升级的重点是逐步向研发和营销两边延伸，从而实现全球价值链的攀升。第二，传统产业集群升级从价值链低端向两端延伸并不容易实现。陈爱贞等（2008）、孟方琳等（2020）认为，产业集群升级面临低端锁定，产业集群由于创新资源分散、创新资源协同效率较低，依靠传统路径难以破解价值链低端锁定、协同效应弱的延缓问题，需要探索新的升级路径、新的升级支持平台和政策，并提出产业集群升级需要走智能化、产业集群化、价值链与产业链融合化的升级路径。第三，产业集群的质量升级应从标准化、品牌建设等方面考虑。朱明珠和孙菁（2020）提出在新一轮的全球价值链重构过程中应该利用“一带一路”平台，积极顺应时代变化趋势，打造中国品牌，与沿线国家积极配合，实现差异化产业之间的合作共赢。

（二）企业网络视角下的产业集群升级路径研究

产业集群升级意味着通过创新实现集群在全球价值链上的攀升，集群中企业的技术创新是集群升级的决定力量。很多学者指出产业集群升级需要发挥企业市场主体作用，通过技术创新实现产业升级（陈振、黄成林，2016）。企业作为市场主体其生产经营的目的是为了获取利润，且不愿意承担风险，而企业在技术创新过程中总是面临研发成本高、未来收益不确定风险等问题，集群企业主动创新的内源性动力不足，大部分企业都是面临市场竞争威胁采取的被动创新策略，多数采取模仿、跟随创新策略，导致企业发展产生严重的路径依赖，在宏观上表现出国家创新能力不足，原创性创新成果少，产业核心技术对外依赖度高等现象（吉敏、胡汉辉，2011）。为此，国内很多专家学者积极致力于企业创新及其网络结构的治理研究，寻求产业集群升级路径。

集群中企业的技术创新过程是通过集群中组织间互动实现知识的传递、积累、整合和创新的过程（王文平，2008）。企业无论是技术创新、服务创新还是管理创新，其获取知识的渠道分为两类：一类是私有知识；另一类是外部知识，外部知识又可以分为隐性知识和显性知识。一般显性知识企业容易通过交流、观察、观摩、学习和模仿等方式获取，而经验、诀窍及创意等隐性知识难以通过简单的交流、观摩等方式获取，需要显性化后才能被学习和消化，这通常是他方的核心竞争力之所在，不易获取。总而言之，隐性知识对模仿创新、增量创新及自主创新具有更大作用，但难以获取，只能依赖于自身知识创造和对方知识显性化的共享、转移。

产业集群内部形成的企业网络为企业提供了一个具有共同语言、相同社会结构、价值认同和相近的社会资本积累方式的环境，且集群中的企业由于地域上的临近而产生频繁的经济和社会关系互动，从而促进企业对集群知识溢出效应的共享。根据企业网络理论，网络内蕴含着丰富且可获取的资源（陈建勋、王涛和翟春晓，2016）。例如，有利于建立起对隐性知识传递有重要作用的信用机制，有利于促进集群中信息的流动、知识共享和集体学习机制的建立。不同的网络关系和网络结构对企业不同类型知识的获取和学习方式有不同作用。企业网络视角下的产业集群升级路径研究可分为企业网络的关系维度研究和企业网络的结构维度。网络关系维度地研究核心观点是期待加强网络关系中主体之间的合作、信任，建立有效的相互促进机制，从而提高隐性知识的流动和交互，进而促进产业集群升级；网络结构维度研究主要探讨网络关系中的关键节点以及节点之间的相互链接方式，如何通过优化网络结构关系从而促进隐性知识的交流。国内学者基于企业网络视角研究产业集群升级的路径主要集中在关系维度和结构维度。在关系维度研究产业集群升级路径的研究主要有：

一是基于关系维度的研究。网络关系强度代表着创新企业与集群内其他主体间联系的频繁程度，关系强弱不同的企业可获得不同程度的信息与资源。沈必扬和池仁勇（2005）提出创新网络的正式和非正式的关系是相对稳定和具有地方根植性，创新网络关系将会影响产业集群创新绩效。魏江和朱海燕（2006）对产业集群企业创新过程的研究发现，产业集群企业对于创新网络中资源的利用程度和深度越好，产业集群发展质量越高。李志刚等（2007）实证分析验证了网络稳定性、网络密度、网络中心度等变量显著的正向作用于企业创新绩效，提出了加强网络稳定性，提升网络密度的建议。任胜钢等（2010）通过实证研究发现企业所处网络规模、关系强度、开放性与企业创新存在显著正相关，研究发现网络规模越大、关系越紧密越容易提升企业创新绩效，提出产业集群升级应该优化产业集群创新网络。张旭锐、张颖颖和李勃（2015）认为网络创新成为企业突破内部创新资源障碍的关键，提出社会网络关系视角下的 SCP 模型，并选择以外部知识整合为中介变量，网络位置为调节变量，分析网络异质性对企业探索式创新绩效的作用机理及传导机制，认为网络关系的治理是促进产业集群创新升级的关键所在。张骁、唐勇和周霞（2016）研究表明社会网络关系特征对组织学习和创新绩效都有着正向影响，集群企业的社会关系网络密度越大，关系越紧密越有利于产业集群升级发展。张悦、梁巧转和范培华（2016）通过荟萃分析（Meta）方法对 68 个独立样本进行实证研究，表明网络稳定性显著正向作用于企业创新绩效，为此，政府部门应该搭建大型平台支持企业创新，并为其创造稳定的创新网络。彭英、陆纪任和黄印（2020）研究发现，企业网络关系特征的稳定性维度与企业创新绩效显著负相关，网络结构特征对企业创新绩效有正向影响，集群内部的氛围环境正向作用于企业创新绩效。

二是基于网络结构维度的研究。目前研究成果主要集中在网络结构对企业成长绩效和创新绩效的影响方面，创新网络具有动态性，决定了其网络结构具有演化性，网络结构的演化影响企业成长和创新绩效。国内外学者一致认为，不断完善创新网络结构能够提高网络的创新能力。网络理论强调，在产业集群中，企业的经济活动并非是单独存在的，而是完全融合在企业所处的网络中，集群内的企业必须强化内部网络结构，才能促使集群的优势得到全面发挥（彭迪云、刘彩梅，2011）。网络结构是企业间相互联结形成的总体结构，其不同结构特征是影响企业创新成功的关键因素（胡保亮、方刚，2014）。吴汉贤和邝国良（2010）研究了网络密度对产业集群竞争力的影响，指出网络密度越大、企业的学习成本越低，但经过长期稳定发展后，网络中的集群企业可能会产生一致思维，从而导致其学习能力退化，并指出高的网络密度有利于企业渐进性创新，却不利于企业的突破性创新。孙冰和姚洪涛（2014）从市场环境的视角研究了创新网络的适应性演化，探讨在环境不确定性的规律性变化下创新网络的阶段性演化过程，将创新网络演化划分为形成、成长、成熟以及衰退四个阶段，揭示了创新网络全球化发展的规律和特点。高霞和陈凯华（2015）通过研究中国信息通信技术产业发现，随着创新网络规模的不断扩大创新网络具有明显的小世界效应和无标度特征。吴松强、蔡婷婷和赵顺龙（2018）研究发现企业在集群中应强化网络观和提高知识搜索能力，促进创新资源的流通和共享，实现集群中的知识转移、利用与再生，从而提升企业竞争优势。吴钊阳、邵云飞和党雁（2018）基于协同创新理论，研究了产业集群主体间的协同创新行为对创新网络结构演化的影响机理，研究发现集群内企业间的协同创新行为对网络结构演化产生正向影响，科学技术、政府行为能够促进网络演化，有利于网络内主体间协同创新行为的形成。许露元和邹忠全（2019）以复杂网络理论为研究基础，建立了“跨国网络结构特征—知识、技术流动与扩散—集群绩效”的概念模型，研究发现知识流动和技术扩散在跨国网络结构与集群绩效之间起到完全中介的作用。

汤小银、马骥和吴梦君（2020）研究发现集群演化中的网络结构呈均匀化、多元化趋势，其促进因素为环保政策、市场需求和劳动力，限制因素主要是人力资本和研发投入，而外资介入、政策优惠作用有待完善。

国外学者关于企业网络对于产业集群发展影响的研究要早于国内，和国内学者类似，主要是从网络关系维度和结构维度探讨企业网络对于产业集群升级的影响及作用。早期国外学者对集群网络的研究主要侧重于网络的构成要素、形成机理、组织边界、合作机制等，认为在集群发展的初期、成长期、成熟期占据主导位置的网络在变化，这种变化离不开资源在特定空间内的集聚和相互作用（Carbonara N，2004）。马克·格兰诺维特（Granovetter M，1985）认为不同的网络关系对于知识转移具有重大影响，提出将网络关系分为强关系和弱关系，指出关系强度对不同类型的知识传递和学习有不同的作用，强关系传递的知识多具有可编码性和冗余性，而弱关系可传递隐性的异质性知识。巴特勒和汉森（Butler J E & Hansen G S，1991）认为产业集群的发展是不同网络的演化过程。乌西（Uzzi B，1997）则从正式、非正式关系的角度分析了企业的连接作用，并指出正式关系在公共知识转移中作用显著，而非正式关系对于私有知识的转移具有重要影响。瑞典的哈堪森和斯涅何塔（Hakansson H & Snehota Z，2006）认为网络的强关系更有利于企业获取复杂的知识，从而促进创新绩效的提升。集群中企业的内部连接、外部连接对其知识获取的不同影响，企业的内外部连接对于集群企业的发展作用不同，内部连接重点在于企业信任关系的建立，而外部连接是集群企业获得异质性知识和信息的重要方式。集群企业在不同的发展阶段对于知识的需求不同，因此对外连接方式和结构不同，获取知识的方式也不同，在产业集群发展初期，主要依赖于集群中的技术和知识共享，企业需要强力的外部连接，而当集群发展到一定规模时，集群企业自身的知识存量比较充足，异质企业的隐性知识和自身知识交互，促进企业进行知识创造，从而产生企业创新行为，此时，企业网络结构关系从外部为主转向内部为主，通过与不同群体沟通的“关系桥”，形成内部外知识交互的局势，从而使得企业的网络结构更加稳定。从长期来看，稳定的网络结构需要有外力助其优化，否则企业的内外部连接会导致集群企业之间的知识相近、知识存量差距较少，知识势差缩小，从而导致集群创新路径依赖，内外部连接就会形成锁定效应，一旦锁定，企业创新动力就会受到约束。

结构维度主要由两个特征指标来描述：由集群中企业对内、对外所形成的连接数量和连接强度决定的自身嵌入网络的稠密度；由集群中企业对内、对外直接连接、间接连接所形成的结构洞数量。在网络稠密的影响研究中，加州大学教授萨克瑟尼安（Saxenian A，1994）通过对美国硅谷与波士顿128公路产业区进行比较发现，硅谷内部存在“稠密网络”，硅谷中的大量企业与外部存在结构洞联系，这使硅谷成为全球信息产业网络的“HUB”，企业可以获得大量的外部信息，正是内部“稠密网络”与外部结构洞的协同作用才使得各种信息、知识在集群内部快速传播，促进了大量创新的涌现，从而使硅谷长久以来保持着全世界信息产业的领先地位。埃斯克里瓦诺、福斯博里和特里沃（Eseribano A，Fosfuri A & Tribó J A，2009）认为集群企业在关系网络中受限于信任关系，当网络稠密时，企业能够通过消化吸收不同异质企业知识，从而触发企业创新，当集群企业网络过于稠密时，企业间过度的相互作用将导致知识同质化，产生锁定效应，不利于集群企业进行创新。在结构洞数量影响方面的研究，伯特（Burt R S，1995）指出企业网络中的结构洞可以使企业获取异质的信息和知识，改善企业网络整体的信息、知识结构。索托和孔特雷拉斯（Soto A V & Contreras O F，2013）指出结构洞具有信息传播优势和控制优势，结构洞数量越多的企业对创新资源和信息的获取更快、更高效，所以结构洞数量越多的企业在进行创新资源分享以及创新成果扩散方面占据着主导地位。

综合国内外研究来看，集群企业产业集群升级可选择的路径主要有集群内部路径和外部路径两条。外部路径主要是基于全球价值链视角，探讨产业集群发挥本土资源优势，嵌入全球价值链进而提升产业集群竞争力。基于网络视角探讨产业集群升级路径是一种内部路径。不同地方的产业集群对应着不同的地方性知识和特质。它们不仅决定集群的起源，而且还影响着集群的未来走向。探讨产业集群的升级不在于借鉴其他集群的实践经验，更多的是到集群内部寻找根植于地方的知识体系和组织创新能力。因此，产业集群升级的内部路径是通过集群内企业个体的努力和组织化程度的提高，通过不断加强产业和其他机构的合作网络及人际关系网络。同时，从产业集群内部治理角度，进一步挖掘本地资源，整合集群的内部优势，促进集群内部结构优化，发挥集群效率和技术溢出效应，发挥集群网络的作用促进集群的升级。

二、本书的特色、主要内容和结构

本书区别于已有专著，主要围绕质量技术创新探索我国产业集群在全球价值链治理路径和企业网络治理路径上的攀升模式与方法。本书在写作过程中，注重理论与实际相结合，力争将复杂理论知识和实证分析结论通俗化，保障整本书的可阅读性，提升阅读者的兴趣。本书主要内容分为以下几个方面：

第一章导论。本部分主要是节点产业集群概念起源、发展和特征，还阐述了产业集群升级的内涵、必要性和意义，最后归纳了国内外及本书对产业集群升级路径的研究现状，归纳了本书的特色。

第二章我国产业集群质量建设现状及其升级困境。本部分首先简述了我国产业集群嵌入全球价值链的历程，分为初步嵌入、全面嵌入和全球价值链重构阶段；其次介绍了我国产业集群发展分布概况以及中国制造业的全球价值链地位；最后分析了我国产业集群升级的现实需求及困境。

第三章全球价值链下我国产业集群质量升级路径研究。面对产业集群升级的现实困境，本章节从全球价值链视角分析我国产业集群治理升级路径，首先，探讨了国家质量技术的组成要素及其特征，分析了我国国家质量技术基础建设现状及存在问题；其次，探讨了国家质量技术基础建设对于产业集群质量的影响机制；最后，采用实证数据分析了国家质量技术基础对于产业集群质量的影响机理，为产业集群质量升级探索了新的升级路径和方向。

第四章企业网络视角下我国产业集群质量升级路径研究。企业网络治理是实现产业集群升级的重要路径。本章节从企业网络视角下探索质量技术创新网络优化的对策，从而寻求产业集群质量升级。本章节从集群企业内部员工、异质集群企业间、产学研协同创新三大部分探讨产业集群质量升级路径，研究了员工、企业、政府、高校和科研院所等各利益主体之间的关系，得到了各利益主体之间的矛盾与冲突解决路径，进而得出集群企业内部和外部协同治理的产业升级路径。

第五章全球产业集群升级路径经验借鉴。本章节主要是选取了美国、德国和日本三个国家进行案例分析，探讨了不同地区产业集群升级的路径和方案，进而归纳总结了其经验和作为，为后续路径的提出提供实际佐证。

第六章新发展格局下我国产业集群质量升级路径思考。本章节结合实证分析、实例分析结论，结合我国新发展格局下产业集群发展质量重要问题，从全球价值链视角和企业网络视角思考我国产业集群质量升级路径，并提出相应的支持政策。

第二章 我国产业集群质量建设现状及其升级困境

第一节 我国产业集群嵌入全球价值链的历史概述

历经40多年的改革开放，我国经济社会发展取得了举世瞩目的成就。我国当前已经成为公认的“世界工厂”是全球最大的初级产品加工基地。生产型产业集群遍布全国，是构筑“世界工厂”的重要基石。在继“世界工厂”的下一发展阶段，如何使中国进一步成长为世界瞩目的科技创新中心和创新型国家，是我国经济实现高质量发展需要努力的方向（刘刚、刘捷，2019）。

一、产业集群初步嵌入全球价值链

中华人民共和国成立初期，中国在特定的历史环境中选择实行重工业优先发展战略，钢铁类金属作为重工业必不可少的原料，在当时的国情下其总量并不充裕，这种发展战略一方面将并不富余的资源浪费在劣势产业上；另一方面占用优势产业资源，导致优势产业发展被严重制约，这与比较优势战略严重不符。同时，在当时的国内外环境下，国际市场并不看好中国，中国对于外部环境的把控又充满不确定性，因此，我国对外开放空间非常有限，进出口规模相对也很小，外来资金在华投资规模小，且加工贸易占据主要份额，技术含量较低，中国在国际分工中没有一席之地（李思阳，2010）。

在20世纪80年代初，经过不断的摸索，我国结合实际国情，认清了当时所处的经济基本现状，优势在于人口基数大，劳动力相对丰富；劣势在于物资匮乏，资本比较稀缺（马晓瑜，2009）。1992年，邓小平同志南方谈话，将中国对外开放推进到了新阶段：增强了外商对华信心，吸引了大量外商在华投资，投资金额大幅上涨；投资领域逐步多元化，投资产业结构不断升级；跨国公司逐渐成为投资主体，我国劳动力优势得到了充分利用，经济进入高速发展阶段；项目技术含量大幅提升，中国对外开放格局初步形成，“引进来”成效显著，层次不断提升。就社会分工而言，充分利用比较优势，将国际分工由原来的绝对成本差异演变为比较成本差异，实行“两利相权取其重，两弊相权取其轻”的贸易原则；在国家层面进行优势互补，这样可使发达国家和发展中国家双方均在国际分工中获益，并有效提高劳动生产率（汪本学、周玉翠，2017）。尤其是对于人口基数大，劳动力相对丰富，却物资匮乏，资本比较稀缺的中国的集群企业，就可以充分利用比较优势，将大量的廉价劳动力作为投入，以产出生产劳动密集型等初级产品，以此作为打开国际贸易市场的突破口。因此，基于我国的相对资源优势，我国政府快速果断地调整了对外贸易的战略，开始实行改革开放政策，我国经济社会建设和产业发展开始进入新的阶段。与此同时，中国企业与外商投资企业的合作日益密切，依靠丰富的自然资源和大量的廉价劳动力，中国企业逐渐参与到外商投资企业实际生产环节中，同时中国企业在与外商投资企业交流合作中学习了国外先进的管理经验和办法，并将其结合中国文化和地域特色应用于生产实际，极大地提升我国企业现代化管理水平。此后，我国对外出口产品得以持续发展、壮大，开始拥有自己的国际竞争力，进而在全球价值链分工中，中国的加工制造、装配等环节逐步占据了一席之地。

二、全面嵌入全球价值链

加入世界贸易组织[①]后，中国充分发挥在自然资源和劳动力资源两方面得天独厚的优势，积极参与全球价值链分工。为实现国际接轨，对外开放领域不断扩大，不仅局限于农业、制造业，还进一步扩大到保险业、基础设施、证券业、金融业和服务业等，为全面开放的经济格局奠定坚实基础。与此同时，中国的比较优势进一步发展，已逐步形成囊括资本、能源、土地、技术等的综合性比较优势。中国的经济发展进入黄金增长期，为避免盲目“引进来”，采用规范化与法制化手段来提升“引进来”质量，进一步加速中国融入全球价值链进程。在此背景下，基于全球经营战略，众多大型跨国公司，如西门子、高通、通用、丰田和沃尔玛等接踵而来，纷纷将资本投入中国市场，参与到基础设施、高新技术产业以及现代服务业等领域，并积极广泛地参与到国有大企业的重组升级中，使其与全球生产体系融为一体。除此之外，外商也偏好投资具有成长潜力、规模较大的创新型私营企业。

在“引进来”的同时，“走出去”也成效显著。中国境外投资广泛流向世界各发达国家和地区，其中40%左右资金集中在当时经济和技术发达的中国香港、美国、日本、德国（王蔚，2011）。虽然当时“走出去”的技术含量相对较低，但是也实现了国际市场的拓展，同时产生了一定的反向技术溢出效应，通过反向技术转移、研发资源共享、研发成果反馈、海外市场竞争等传导机制，使得我国技术发展水平大幅度提升，进一步促进了中国企业与全球价值链的深度融合。

---

① 世界贸易组织（World Trade Organization，WTO），简称世贸组织，是一个独立于联合国的永久性国际组织。世界贸易组织的职能是调解贸易纷争。

三、全球价值链重构及中国机遇

（一）全球价值链的重构

2008 年，全球化 3.0 时代①随着全球金融危机的爆发而走向终结，随之而来的是世界经济的大洗牌，调整、重组、变革在所难免，进而导致贸易摩擦日益加剧，贸易保护主义呼声渐长。欧美发达经济体打着技术革新推动产业升级的幌子，提出并实施“再工业化”战略，意图争夺未来全球产业竞争的主导权。美国则提出并实施制造业回归政策，一方面限制本国企业的境外投资，另一方面通过多种优惠政策，吸引现有境外投资的美国企业将投资回归本土，这样限与引双管齐下，使得美国获得了大量的境外资本回流。2017 年以来，美国深感来自中国的威胁，频繁采取一系列措施，专门对华进行打击、制裁，尤其着力限制中国高端产业发展，使得中国在攀升全球价值链的高端过程中受阻（盛斌、黎峰，2020）。与此同时，世界范围内在贸易保护主义思潮的影响下，原本遍布世界各国的全球价值链遭到破坏，甚至部分被切断，不复存在。此外，已建成的全球价值链结构在产业革命、信息技术革命不断深化的同时不断发生变化，原有结构被逐步打破，导致全球价值链正面临着深度调整。对于中国而言，这既是挑战，更是机遇，如果把握得当，将大大助力于提升中国在全球价值链中的地位。中国经过多年发展，在创新驱动、供给侧结构改革等多项政策推动下，不管是科技水平，还是综合经济实力，都在很大程度上得到提升，并将持续提升，中国作为世界第二大经济体和第一大出口国，已具备以中国为核心构建全球价值链的能力和实力。

---

① 1492 ~ 1800 年是全球化第一个阶段，即全球化 1.0 时期；从 1820 年或 1825 年开始，一直持续到 2000 年，是全球化第二个阶段，即全球化 2.0 时期；2000 ~ 2008 年，是全球化第三个阶段，即全球化 3.0 时代。

2020年，全球暴发新冠肺炎疫情，作为重大自然灾害，其扩散和蔓延给全世界人类带来巨大的冲击和破坏，全球价值链亦未能幸免，遭到严重破坏（廖茂林、张明源，2020）。在人类历史上，我们经历过无数次重大自然灾害，自然灾害对全球价值链的影响有一定的经验可循，但是新冠肺炎与以往自然灾害又有所差别，主要体现在影响的时间和范围上，例如以往自然灾害主要是短期脉冲式破坏，尽管来势汹汹，但影响时间较短，此次新冠肺炎波及全球，具有涉及范围广、时间周期长等特征，对全球价值链的冲击和破坏前所未有。新冠肺炎疫情初期，在中国共产党的正确领导下，采取了积极有效的措施，以近两个月的经济停摆换取抗疫显著成效，使其得以受控，进而按下了来之不易的"暂停键"，但好景不长，其后美国、巴西、俄罗斯、印度等国相继成为疫情重灾区，这些国家陆续采取封城、保持社交距离、停工停产等措施，全球产业链、供应链和价值链显现断裂风险，新冠肺炎对全球价值链产生了巨大影响。经过这些惨痛教训后，世界各国对疫情的认识更加充分，其对全球经济影响的全局性、破坏性和长期性已达成基本共识①。疫情的冲击给人们带来新的启示，全球价值链给全球带来了经济效率的极大提升和交易成本的大幅降低，但全球价值链也是一把双刃剑，一旦面临重大自然灾害冲击，在治理能力严重滞后，甚至严重缺失的条件下，它也会对全球经济社会产生反噬，导致成本上升，甚至引发产业安全风险。在多重因素的作用下，全球价值链出现了主动和被动同时重构的现象，全球产业发展格局正在深刻变革。

（二）中国产业集群升级机遇

目前世界面临多边机制受阻，部分发达国家极力推行单边主义甚

① 张二震，戴翔．疫情冲击下全球价值链重构及中国对策［J］．南通大学学报（社会科学版），2020，36（5）：92－101．

至采取霸凌行为，贸易保护主义盛行，世界范围内疫情还未得到很好控制等诸多问题，世界必将经历全球价值的重新洗牌，我国要取得进一步发展必须把握机遇应对挑战。在疫情初期，中国领导人和政府拿出壮士断腕的决心，不惜牺牲经济实行对疫情严重地区进行封城，得到全国上下的一致支持，并且率先取得了抗疫的胜利，实现了经济的正常化运转，这是我们的机遇和目前的优势，但是由于我国国际地位的不断提高、经济和科技实力的显著增强，我国被美国列为首要竞争对象，对我国采取了科技、经济、技术等方面的全面限制，并对我国发动“贸易战”，宣扬中国“威胁”论，打压中国高科技产业，如何处理相关问题并正确决策是我们不得不面对的重要课题，中国应该以创新、开放的思维去迎接挑战、把握机遇、融入世界，为世界更多的贡献中国力量，提出好的中国理念和方案，在世界产业价值链重构过程中取得更多成绩，发挥更多好的引领作用。

（1）从技术变迁角度看。中国近代经历了较长时间的战乱，工业起步较晚，新中国成立后特别是改革开放以来主要依靠我国人口红利和资源参与世界经济活动，在此期间很多产品都被冠以“中国制造”的标签，中国也成了世界工厂，中国出口的主要是以纺织业为代表的技术含量较低的劳动、资源密集型产品。经过一段时间的发展我们在获取收益的同时也积累了大量物质和技术财富，形成了较为完善的工业体系，但这个过程中也产生了很多问题，如低技术含量产品附加值低、环境污染严重等不利于我国经济社会的进一步发展等。为了解决这些问题，国家提出了建设“中国制造 2025”“大众创业、万众创新”的战略方针，为了国家的长远发展我们必须对产业结构进行优化，放弃低端的、污染大的低附加值产业，国家也加大了相关科研投入。据统计，2018 年我国的科研投入总量就已超过其他主要经济体，成为继美国之后世界科研经费投入第二多的国家。截至 2020 年，我国的专利技术保有量达到 5.9 万件，超过美国成为世界上当时拥有专利技术最多的国家①。我国更是在新兴的技术领域取得了令人惊叹的成绩，在5G方面我国技术已晋升世界先进水平行列，美国也察觉到了我国技术领域的蓬勃发展，并将我国作为主要的竞争对手，对我国高科技产业进行压制，限制我国获得新技术的渠道，并采取“卡脖子”方式企图扼杀我国高科技产业，从中我们不难看出美国一直想掌握技术领域制高点，不允许任何国家与其在该领域进行竞争，也证明了我国进行技术升级、产业优化的正确性。

（2）从需求因素角度看。随着经济的发展，目前世界经济中心有向东方转移趋势，这是与以中国为代表的新兴东方国家经济快速发展、资源丰富、人们日益增长的需求市场不断释放分不开的，中国在其中更是起到了重要作用。通过40多年的改革开放，勤劳的中国人民创造了大量的物质财富，2010年GDP已达百万亿元，超越日本和欧盟成为继美国之后的世界第二大经济体。2020年新冠肺炎疫情席卷全球，对世界经济造成重大冲击，不少国家采取严格的贸易控制，加之美国发动的“中美贸易战”，对中国的经济也产生了较大的负面影响。中国经济虽面临前所未有挑战，但也率先实现复苏。这是由于中国人口占世界人口20%左右，内部消费潜力巨大，为内向型经济提供了有力支撑。显然，为应对复杂的国际国内环境，进一步开发国内市场显得尤为重要，同时中国对外进口也不断增加，促进了其他国家的发展。靠近资源地和需求地进行生产是工业生产销售遵循的基本原则，同时随着社会不断发展，目前表现出了更多的个性化需求，让产业链更愿意靠近消费市场，实际上这一现象在高端行业更加凸出。随着中国国内市场规模的不断壮大，巨大的消费市场为各行各业提供了大量的优质平台，从供求方面都促进了产业的发展，并且中国的基本国情是多层次的需求，可以兼顾各种类型产业，多元化的消费带来的丰富的产业集群，能够使其产业体系更加健全和完善。中国正是凭

① https：//baijiahao. baidu. com/s？ id = 1692082740234768039&wfr = spider&for = pc.

借国内巨大的消费潜力和市场吸引了世界各国高端产业的进入，从而引导生产要素和创新要素的聚集，这对中国由生产加工型产业转入高技术含量、高附加值产业创造了良好条件，随着中国经济进一步发展，中国国内市场必然更加活跃，需求量必然大大增加，巨大的消费市场也让世界各大型企业不得不更加重视中国，尽管面临着多方面的挑战，这些企业中大多数仍然选择留在中国，并未因政治影响而出现集体外撤现象。面对当前全球价值链重构，中国利用好本国巨大的需求消费市场规模，能够更好地保证高端生产环节和产业在国内长期稳定发展，促进本国相关产业的发展，保证本国产业体系的完备性和稳定性，从而形成稳定的国家价值链，并不断综合利用国内外高端生产和创新要素提升国家价值链的竞争力。在面对新冠肺炎疫情时，中国政府采取了果断正确的处理方式，使得国内疫情在较短时间内得到有效控制，目前已进入相对稳定和安全的状态。此外中国在防止流入环节也加强管控，确保良好的国内环境，来之不易的抗疫成果得以巩固，为经济的发展营造了良好的外部环境，这也为中国目前推行的“产业结构优化，供给侧改革”创造了良好的环境。国内活跃的经济与世界其他因仍在蔓延、持续的疫情导致经济低迷的国家和地区形成较大反差，势必吸引更多的高端、优质产业的输入，我国产业集群升级整体进入了新的机遇期。

（3）从制度完善角度看。研究表明：“善治”是新兴起的经济全球化竞争的至关重要一环（金碚，2016），“善治”体现在多个方面，包括各国各地区的经济管理水平、社会制度、所采取的政策，在这些方面开放度越大、水平越高就越能吸引全球生产要素向那里聚集，从而促进微观经济的发展，成为新的标杆，供大家学习和效仿。目前世界形势日益复杂，中国积极推动经济全球化进程，向外传达出继续扩大开放的良好意愿，并通过实际行动推行相关政策与部分大国采取的贸易保护主义、逆全球化政策形成鲜明对比。早在 2018 年相关国家级经济会议上，中国就提出要加大开放，不只停留在商品和要素上，还要努力推行制度开放，向实现新的开放方向转变。次年初国务院总理李克强在进行年度政府工作报告中再次指出，目前保持商品和要素开放的同时，需进一步加强规则制度的开放，这些都说明规则和制度开放的重要性。只有进一步在制度和规则上加大开放力度才能更好地融入世界，实现与国际高标准规则的对接。中国政府颁布的《中共中央国务院关于新时代加快完善社会主义市场经济体制的意见》（以下简称《意见》）明确提出：要实现以开放促发展，建成新的高水平开放体制，实现更高层次、更大范围、更宽领域的全面的开放形势。种种迹象表明：中国正通过制度设计和安排，努力促进其与世界的进一步融合，实现与国际的互通互融，也表现出了中国努力践行多边主义，维护世界和平健康发展的良好愿望，中国希望通过各种与时俱进的制度设计和安排推动本国与世界的融合，与其他各方共同发展，同时作为世界的重要大国，为世界管理贡献出新的理念、方案和行动，正是由于这些积极的举措，导致了诸如美国等传统发达国家的自信缺乏，美国更是事事奉行“美国优先”，频繁退出国际组织、对国际经济秩序造成伤害、恣意践踏多边贸易主义，这也是中国在新的经济全球化进程中所面临的重大挑战。

第二节　我国产业集群发展分布和国际分工地位

一、我国产业集群整体分布概况

（一）产业集群区域分布概况

自 20 世纪 80 年代之后，伴随着经济全球化的发展，各国家越来越重视区域经济在发展中的重要作用，基于企业结构构建起的产业集群模式逐渐成为促进区域经济发展的新的模式（刘芹，2007）。截至2020年，中国在全国各大城市发展出数以万计个不同规模的产业集群，几乎涵盖了所有工业门类，且多数集中在加工制造领域，在加工制造能力方面具有独特的优势。但不可忽视的是，有很多产业集群存在同质化问题，产业集群内部的无效竞争导致相关行业的无序发展，并不符合中国产业集群高质量发展的目标和要求。基于对国内产业发展态势的了解，可以得知目前的产业集群发展已经获得了较好的成果，但是仍然存在一些尚待解决的问题。从地理空间的分布来看，我国产业集群发展第一个问题就是产业集群的地理位置分布不平衡的问题。我国产业集聚主要发生在江苏省、浙江省、广东省、福建省、山东省等东部地区，主要分布在珠三角、长三角、浙东南、渤海湾等区域，这些地区聚集了中国超过70%以上的制造业产业集群，中西部地区，特别是西部地区产业集群数量和质量远不如东部沿海经济发达地区（吴利学、魏后凯和刘长会，2009）。这也导致我国经济社会发展不平衡的矛盾，东部沿海城市的虹吸效应，加剧了人才和人力资源聚集，进一步使得产业集群发展质量差距增大。截至2018年3月，全国共有169个国家级高新区。在地区分布上，目前我国国家级高新区主要集中在东南沿海等经济发展水平较高的地区。而在东南沿海地区推动产业集群优化升级，大力发展创新型产业集群的同时，我国中西部地区劳动力不断回流、承接产业不断增加，促进了中西部地区城镇化水平的加速发展（颜银根、王光丽，2020）。产业集群发展所存在的第二个问题就是产业重复和恶性竞争的问题。当前知识产权保护不足的环境背景下，企业对自身创新成果及知识产权的维护成本较高，抑制了其创新热情。模仿和“山寨”现象不绝于屡，导致产品同质化较为严重，增加产品竞争激烈程度，同时单位产品利润下降。这种现象在传统的制造业行业中更为常见，利润不足使得产业供应链上的企业之间相互进行成本的转移，不利于供应链主体之间的合作，容易引发横向企业之间的恶性价格竞争。第三个问题是产业集聚的很多产业仍然处于供应链的低端。西方国家的发展经验已经证实，工业化集群产业的发展需要具有重组的经验，而整个重组过程中恰好是价值增值较少的环节。中国则是借助丰富的劳动力和土地资源进行了弥补，以吸引大量外资，则导致中国产业主要出现技术含量较低的特点，而整个组装过程中产生的价值、带来的收益则是非常低的，也较难对应外部的各种风险。当前，在保护主义上升、世界经济低迷、全球市场萎缩的外部环境下，国内产业链受到了巨大冲击，虽然我国政府加强了产业核心技术研发和创新的支持，但战略性产业发展迟滞，例如5G和半导体产业等。

中国企业往往先加入地方制造业集群，集群再抱团嵌入全球价值链，集群内的企业容易形成较为发达的生产和技术网络，且依托公共机构提供的平台式服务和企业集体行动，能够在一定程度上增加本土企业在国际大买家面前的讨价还价能力。但基于全球视角来看，中国的产业集群在价值创造环节主要位于中低端，产生的附加值和利润也相对较低。在“走出去”的号召下，不仅要面对同类竞争者的激烈竞争，还要面对竞争实力较强、具有比较优势的发达国家的同类产业产品。基于跨太平洋战略经济伙伴关系协定（TPP）框架协议①，将有一部分国家将传统制造业转移到印度、东南亚等具有产品生产比较优势的国家和地区。因此，我国集群产业面临的发展压力更大，亟须进行产业的转型升级。同时，全球对外投资的格局也将产生相应的变化，抑制我国投资资金的流出。另外，国外的大量直接投资被约束，限制了我国产业资本的内外循环流动。此外，我国产业集群的低端定位的扭转较为困难，且中国的跨国公司相对较少，将长期面临国际上的技术资本密集企业或集团的竞争压力。

---

① TPP 2005年签署时只有智利、新西兰、新加坡和文莱四个国家。TPP不仅涵盖国际贸易领域，还对劳工和环境、知识产权、国有企业等敏感议题进行了规范，因此也被称为“21世纪的贸易协定”。

（二）产业集群行业分布概况

自改革开放之后，为应对生产要素在全球的配置趋势，中国以工业领域发展为重点，尤其关注电子信息产业、轻工业等的发展，以发挥出这些产业的比较优势，顺利融入国际市场分工体系。改革开放以来，在生产要素全球化配置的背景之下，中国承担了较多国际上其他国家的产业转移，不断有外商投资于工业领域，中国工业领域由此获得发展。我国长期以来主要以被动的情况参与至国际市场分工中。在对外开放环境政策的影响下，国际将资本带到国内市场的同时，也出现了技术以及人力资本的溢出，这些正是中国产业不断获得发展的根源和根本，也使得中国在参与国际市场分工的角色中不断由中低端水平迈向高端水平，逐渐发展成全产业链。

回顾我国产业集群发展历程，在改革开放初期，中国企业主要是通过争取跨国公司发包订单的方式直接嵌入全球价值链，国内产业集群主要集中在资源品初级加工和深加工行业、纺织和服装等劳动密集型行业等。在20世纪末期，我国在积极推动沿海地区改革开放，支持乡镇民营企业发展的同时，开始力图通过建立高科技产业园区的方式促进产业集群的转型升级，1991年国务院公布了全国首批37个国家级高新区，涵盖新能源、装备制造、生物医药、电子信息等多个高科技领域。在国家政策的扶持下，一大批新能源、装备制造和生物医药等领域的产业集群迅速发展，提升了我国产业集群的创新力和竞争力。近年来各地开始积极推动数字经济产业集群的发展，以建设世界级产业集群为目标，优化重点产业布局，推动产业链深度融合。共同推动云计算、大数据、物联网、人工智能、5G、集成电路等技术创新，共同建设新一代信息基础设施。长三角和广东先后发布《长三角地区一体化发展三年行动计划（2018－2020年）》《广东省深化“互联网＋先进制造业”发展工业互联网实施方案及配套政策措施》，可以预见的是未来以数字科技为主体的数字产业集群将成为产业集群发展的主要方向。

综上所述，可以得知，在发展集群产业的过程中，借助于技术、资源以及劳动力等方面的优势，中国在全球产业链中的地位不断加重，直至成为第一出口大国和第二进口国。但是，中国产品仍然面临一些问题，如没有较强的品牌、质量参差不齐等，且没有关键的核心技术，缺乏自主创新能力。产业发展相对于国际水平的相对落后，以及创新和产能的不足，使得中国的贸易存在出口导致进口的机制，同时形成依附性经济。过去十年间，中国国内制造业的产值基本上保持7%左右的增速，虽然相比于21世纪最初十年的增速有所放缓，但是体量仍然较大。截至2019年，我国制造业总产值达到26.9万亿元，占全球制造业总值28.1%，2016~2019年，年均增长5.9%[①]。总而言之，我国的集群产业特点明显，例如技能化专业化程度太低、集群产业规模较小、全产业链不够完善等，使得整个产业发展处于低端且主要靠低成本战略取胜。全球范围内的实体产业均处于转型升级的过程中，高端制造业回流至西方，东南亚国家发展一般制造业，中国面临制造业结构变化的冲击。在这期间，国际地位和新型秩序均可能出现不同的状态，若某个国家可以在这样的环境背景中获得优势地位，则将在国际中获得一定的地位。显然，在过去的客场经济全球化格局中，中国经济是以低端要素加入全球价值链，接收处于价值链高端的发达国家跨国公司的发包，在全球价值链底部利润最薄弱的环节进行国际代工。这充分显示了中国过去对低端生产要素拥有的比较优势。然而，随着土地供给日趋紧张、资源环境约束持续加大、企业生产要素成本不断上涨，这种低端产业的比较优势正在逐步丧失。中国产业集群在新发展格局下，需要锚定新的发展优势，坚持科技自强创新的路径，以创新驱动产业集群转型升级，带动国家价值链稳步提升，攀登全球价值链的中高端。

---

① https://baijiahao.baidu.com/s?id=1681331949745014903&wfr=spider&for=pc.

二、我国产业集群国际分工地位

（一）“尴尬”的微笑曲线

仔细观察中国近年来的进出口数据，可以得知，工业产品的出口数据在逐年升高，至 2003 年工业品占总出口额的比重已经达到 90%，加工贸易业的比重达到了 50%。近年来，国内劳动力成本不断上升，西方发达国家的消极经济贸易政策，使得我国加工贸易业占外贸比重逐年下降，直至 2019 年下降为 25.2%。由此可见，中国的制造业能力较为突出，因此被多位研究学者称为世界工厂，这一词汇含义是指，中国持续不断为全世界其他国家提供工业制造品，这意味着中国制造业规模之庞大，体现了我国制造业庞大的对外贸易能力。但根据实际情况，世界工厂也可以被划分为多个等级。第一等级是原材料加工型的工厂，国外资本主要借助该国的庞大的劳动力资源体系，将该国发展成为生产加工基地。第二等级为主要生产零部件的工厂，相比于前一种，是整个产品价值链增值的重要部分，而且具有一定程度的生产加工技术水平。第三等级是指具备独立研发能力的产品并掌握核心技术，同时具有品牌影响力，还主要负责全球的销售网络，掌握了整个产品价值增值链的最为主要的部分。据以往的数据可知，我国制造业主要是纺织、家电电器等行业，一些非核心的关键零部件等产品，没能发展起自己的品牌及跨国公司。因此，我国长期的经济发展虽然取得了令人欣喜的成绩，但不可否认，从全球价值链分工来看，我国长期以来扮演的只是“世界加工厂”，位于全球价值链的中低端（如图 2－1 所示）。

随着出口量的逐渐增加，我国逐渐成为世界范围内制造业的转移场所，更多“中国制造”产品不断走向国际。与此同时，从 21 世纪初开始，许多中国企业开始以 OEM 的形式展开对外贸易，即将产品生产出来交由外国公司，其余环节均由该公司来自行完成。国外公司一般是将生产附加值比较低的环节进行外包生产，故中国获取的利润相对较低，而国外则在它们的自有品牌中获得了较大的品牌回报率。因此，对于我国而言，目前最为重要的就是在不影响既定经济发展状况的情况下提升我国在国际市场和供应链环节的地位。

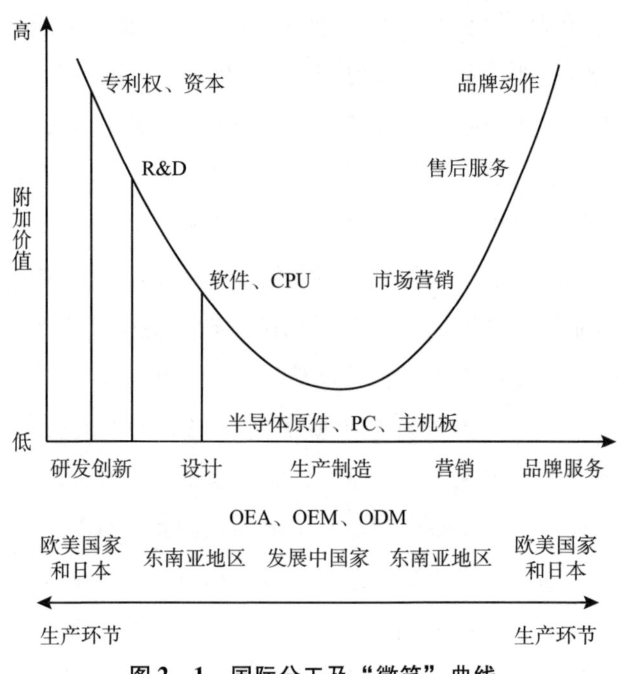

图 2-1 国际分工及“微笑”曲线

（二）中国处于全球价值链分工的中低端

在全球价值链分工体系中，发达国家和发展中国家按照各自的比较优势承担着价值链中相应环节的活动。发达国家的企业由于具有技术、人才、管理、品牌、渠道等优势，承担着研发、设计等价值链上游，以及营销、品牌、客服等价值链下游的活动。而我国在国际分工竞争中，长期以来的发展主要依靠的是庞大且低廉的劳动力资源优势，国内制造业才能获得较大的发展，推动出口产品的增加。因而在整个价值链体系中，既受到价值链上游环节（主要是技术方面）的制约，也形成了对价值链下游环节（主要是市场方面）的依赖。这种对价值链上下游环节的依赖，严重制约了我国产业集群的生存与发展。目前，由于中国已经成为世界上的最大的经济体之一，到处都可以看到“Made in China”（中国制造）的产品，中国制造业整个规模，特别是工业加工领域规模巨大，但集群企业只拥有了生产加工的技术和设备，并不掌握核心技术，在国际分工中获得的收益较低，并且国内集群存在同质化，企业之间的无序竞争进一步降低了收益。这些集群企业虽然不需要进行产品研发，也不需要进行品牌营销渠道的建设，但正是因为如此，集群企业发展形成了路径依赖，长期依赖国外订单，失去了自主创新的能力，在供应链始终处于中下游，在价值链上被锁定在中下端。显然，中国产业集群将面临中低端锁定风险。

伴随着劳动力工资的持续上涨，中国劳动力比较优势在逐渐消失。发达国家跨国公司已经开始将部分加工制造环节转移至越南、印度尼西亚等劳动力更为低廉的东南亚发展中国家。新冠肺炎疫情冲击下，发达国家市场需求疲软。中国东部沿海地区大批外向型制造企业受到巨大冲击。作为东部地区原材料和劳动力输出地的中西部地区也进入困境。面对发达国家和新兴经济体的双重挤压、低成本优势不断减弱和新竞争优势尚未形成的尴尬境地。中国制造业进入了“爬坡过坎”的关键时期，亟需重新审视全球价值链重构带来的机遇与挑战，调整产业发展政策，推动转型升级。

（三）中国服务业融入全球价值链的程度待提高

由图2-1的曲线可以得知，处于横轴两端的分别为产品研发以及产品的售后服务部分，这两块内容具有同样的特点，都是高附加值、高利润的部分，而这一领域主要由西方发达国家及其他发达地区占有甚至垄断。尤其部分服务业，也是具有高附加值的领域，中国也随着发展历程的深入不断重视服务业的重要性，也逐步参与至国际市场中，近年来我国十分重视服务业的发展，服务业的潜力逐步释放，但总体上仍然处于贸易逆差阶段。由2019年中国商务部公布的数据可以得知，2019年，我国服务业发展潜力不断释放，服务业增加值同比增长6.9%，为服务出口的快速增长奠定了良好基础。服务出口总额在服务进出口总额中的占比达36.1%，同比提升2个百分点。服务出口增速高于进口增速9.3个百分点，推动服务贸易逆差下降10.5个百分点至15024.9亿元，同比减少1760亿元①。整体来看，2019年我国服务贸易逆差明显下降。从具体领域来看，知识密集型服务发展比较亮眼，而新型服务行业如金融保险等领域的占比则相对较低，只有1.3%和1.5%，而这一领域中许多服务附加值高，均处于价值增值链的上游。因此，我国对于部分服务业领域的开放及发展力度仍有较大进步空间，也是我国产业结构变革升级的最重要的思路之一，需要进一步将服务业融入至全球价值链的发展历程中去。

第三节　我国产业集群质量升级的现实需求及困境

逆全球化背景下集群的发展，不仅要打破现有外部创新资源的约束，继续加强与外部创新合作，更要注重强化内部联系，充分挖掘内部创新资源，使得区域创新资源间的交流和交互得以强化，以实现创新驱动发展。我国产业集群现阶段存在的显著矛盾是产品供给质量与国内消费升级的需求不匹配，产业集群要在双循环新发展格局中发挥更重要的作用，必须要提升产业集群质量，以创新驱动发展，提升产品和服务的供给质量，从而满足消费升级的需求。

① https://baijiahao.baidu.com/s?id=1658143809221711775&wfr=spider&for=pc.

一、我国产业集群质量升级的现实需求

（一）全球价值链演变的外部竞争需求

从中国集群企业嵌入全球价值链的方式来看，从最初的承接跨国公司发包的订单，再到加入世界贸易组织之后以集群抱团的方式为国际买家服务。在此过程中，中国企业初期主要依赖国外的工艺技术从事资源品初级加工和深加工行业、纺织和服装等劳动密集型行业，在加入世贸组织后，经过多年的消化、吸收和创新，我国在劳动密集型行业基本完成了工艺升级和产品升级，形成了较为发达的生产和技术网络，集群企业在国家生产和服务中的讨价还价能力普遍增强。从中国嵌入全球价值链的历程来看，中国企业集群在出口导向的经济全球化战略下，主要是在生产组装等低附加值环节进行国际代工，虽然完成了劳动密集型行业的产品和工艺升级，但在研发设计、品牌营销等高附加值环节仍然迟迟未完成重大突破。总体来看，经济全球化客观上促进了中国本土企业生产效率的提升、生产能力的提升，但中国本土企业沿着生产者驱动和购买者驱动实现产业升级的路径均被西方发达国家控制，无法真正实现全球价值链的攀升。特别是在 2008 年世界金融危机之后，西方发达国家将经济全球化视为不可持续发展的战略，开始实现逆全球化战略，对于发展中国家的全球价值链攀升路径控制越发严格，在新冠肺炎疫情冲击下，全球供应链、创新链和产业链都出现了多重危机，美国主导的逆全球化战略不断压缩中国产业发展空间，当前，中国产业集群发展面临新的困境：一是市场容量优势短期内难以有效利用。中国作为全球重要的消费市场，市场容量不断增大，但在出口主导战略环境下，使得企业发展过于依赖西方国家的市场，对自身发展资源利用不足，对于国内市场培育、利用和挖掘还有待进一步提高。二是缺乏核心竞争力，中国产业集群长期为别人进

行国际代工，实际核心技术仍然被西方国家控制，不仅自身无法培育出自主品牌，也无法获得高附加值，使得企业在创新投入上无法比拟国外，进而创新路径被低端锁定。更为重要的是产业链、创新链和供应链的不自主、不可控，在国际贸易中容易被别人掌握主动而丧失发展的自主性，中美之间的高科技贸易战就是鲜明实例。三是中国的比较优势已经从廉价要素转变为市场容量优势，中国的劳动力、自然资源等廉价要素已经不复存在，逐步形成的超大规模市场才是真正的优势，为此，中国在产业升级中的重点从全球价值链攀升逐步转化为国家价值链、亚洲区域价值链和“一带一路”区域价值链的攀升。立足于国内庞大消费市场，不断提升自身产品质量，从而提升自身在亚洲区域价值链和“一带一路”区域价值链分工中的地位，向研发、设计和网络、营销、品牌、市场等“非实体性活动”转型升级。

（二）双循环发展格局构建的现实需求

从国内外经济循环结构来看，多年来，我国凭借承接西方发达国家的产业转移，深入参与国际分工与合作，积极融入国际经济大循环。我国产业集群依靠“两头在外，大进大出”的出口导向型发展模式，在全球价值链中占据了一定的地位。随着全球竞争格局的变化和我国竞争优势的变化，以国际大循环为主的经济发展方式已经难以持续。按照竞争优势理论，我国当前的竞争优势在于超大的国内市场，显然，构建以国内大循环为主体，国内国际双循环相互促进的新发展格局正当其时，符合我国经济发展的实际。构建“双循环”新发展格局的关键在于消费升级和自主创新。消费升级一方面是通过扩大国内居民的消费需求，推动消费升级，承接以前的出口产能；另一方面是通过提升产品和服务质量，满足国内高端产能需求。立足于自主创新，主要是实现关键领域的技术突破，通过创新实现产业集群国内价值链两端的攀升。因此，从全球价值链到全球创新链的转化来看，主场经济全球化是要在更高水平的对外开放中加速实现中国本土产业的转型升级。全球创新链体现了“创新环节全球分工、创新资源全球配置、创新能力全球协调、创新核心自主可控”等特征，因而国内企业积极主动地参与全球创新链，就意味着中国本土产业从全球价值链底部向处于两个高端的经济活动进行攀升，即向研发、设计和网络、营销、品牌、市场等“非实体性活动”转型升级。在从全球价值链转向全球创新链过程中，构建本土企业主导的国内价值链显得尤为关键。从概念来讲，国内价值链是基于国内市场的有效需求发育而成，由本土企业掌握价值链的核心环节，且在国内市场获得自主研发创新能力以及品牌和销售终端渠道的价值链高端竞争力，为进一步在区域或全球市场巩固和优化价值链分工体系奠定了基础。随着国内价值链的发展和成熟，国内本土企业可以实现从供应商角色到发包商角色的转换，以及从价值链中的“被俘获者”到价值链的治理者和控制者的转型，并最终实现从全球价值链到全球创新链的转化。毫无疑问，全球价值链是全球创新链的基础和起点，而后者是前者的战略目标，因而从全球价值链转向全球创新链，也是“中国制造”向“中国创造”的转变。

二、我国产业集群升级面临的困境

自 2008 年国际金融危机以来，全球经贸治理体系出现深度调整，中国传统的增长模式也逐渐式微。中国产业集群升级面临的困境也在不断发展变化，产业集群发展不均衡、技术创新能力不足、全球价值链依赖度较高等问题制约着我国产业集群的升级发展。

（一）产业集群发展不均衡

虽然中国不同地域的集群拥有各自不同的区域优势，但基于本土文化、制度背景的集群却难以在短期内立足各自优势，嵌入全球价值链。进行多元定位、实现集群的“功能升级”更是困难重重。中国本土集群成长，一方面得益于传统儒家文化和家族制度，而且基于血缘、地缘产生的信任、凝聚力等形式的社会资本是极其丰富的，它们促成本地网络的强联系；另一方面传统文化又导致集群网络节点对外的排斥情结。正是由于中国本土集群间的相互封闭，区域间、产业内竞争激烈有余，而协同、互补效应相对匮乏，加之集群间缺乏必要的制度约束，机会主义泛滥，创新不足，导致集群间产品差异化不强、档次不高，只好通过价格这一杀手锏相互厮杀，获得销售渠道。“中国制造”几乎成为低档产品代名词，大多数产品充斥于国际商品的低端市场。由于中国集群在涉入国际市场之初就陷于国内混战，使得利润空间被压榨得所剩无几，以至于来不及积蓄力量在全球价值链中选择重新定位，大多单一停留于生产环节，短期内没有能力立足于各自的优势，定位在高附加值的“战略性环节”，逆价值链发展。

（二）产业集群技术创新能力不足

我国政府十分重视创新要素的投入与建设，我国的研发投入占GDP比例不断提高，但与世界制造强国还有很大差距。相较于制造强国，我国规模以上工业企业研发投入占主营业务收入比例仅为发达国家的1/5。过少的投入导致我国在产业的技术创新方面能力不足，在研发、营销、品牌等方面的创新远低于其他国家。从全球价值链来看，产业集群的竞争力提升，关键是要掌控价值链两端如研发、营销、品牌等所隐含的知识和技能，这些都需要生产者服务的支持，制造业价值链升级过程实际上就是不断地投入生产者服务的过程（杨林生、曹东坡，2017）。同时，受现代产业管理体系滞后、创新人才培育体系不成熟等多种因素的影响，我国产业的技术自主创新能力弱，缺少自主品牌和核心技术知识产权，例如，我国机电产品出口量占比超过50%，但只有少数产品具有自主知识产权；彩电出口中国世界第一，但是关键技术中国只拥有不到60%的知识产权（刘佳斌、王厚双，2018）。产业集群自主创新能力有限导致我国很多企业过分依赖GVC生产链（李占国，2010），这些企业只能从事技术含量低的行业，并愿意从价值链中直接进口高技术高质量的中间投入以代替原有的低质量低技术的本国投入，从而逐步形成恶性循环，逐步丧失创新研发的能力，心甘情愿被俘获在价值链的中低端（刘会政、朱光，2019）。国内外很多学者通过实证发现我国集群很多企业专注于低技术含量、低附加值的生产加工，价值链上游企业将我国本土企业牢牢锁定在全球价值链的低端环节（刘志彪、张杰，2009）。另外，昌富堂和格拉德斯坦（Tschang F T & Galdstein A，2010）、伊瓦尔森和阿尔夫斯坦（Ivarsson I & Alvstam C G，2010）指出，集群企业的先进技术、人力资本等战略性要素相对匮乏，对于技术的消化吸收能力较差。集群企业在发展过程中技术吸收能力有限，很难通过技术创新实现全球价值链的攀升（Pietrobli C & Rabellotti R，2011）。在以市场换技术的过程中，很多集群企业无法将GVC溢出技术转化为自身研发创新能力的渠道，技术引进后难以消化吸收，只能补充重复引进，获取的市场价值全部被国外企业榨取（蒋鹏飞，2019），通过GVC网络生产带动产业集群企业的创新能力提升的战略目的没有实现。对于集群企业来讲，这种以技术引进为主的知识积累方式如果没有足够的知识消化体系作为支撑，无法进行再创新，在发达国家企业的技术转移并非技术完全转移的背景下，集群企业很难掌握核心技术并实现赶超（项后军，2010）。更为重要的是，发达国家通过知识产权保护和技术出口管制来限制相关技术的模仿和使用，使得具有一定创新消化吸收能力的企业无法通过“引进—消化—吸收—再创新”的途径掌握核心技术，加之集群企业自主创新能力不足的先天劣势，获得关键和核心技术储备变得困难，迫使发展产业集群陷入“国际代工—微利化—自主创新能力缺失”的恶性循环中（俞顺洪，2016），中国产业集群自然无法参与全球价值链上游的高端环节。

市场开放度的提高与外商投资的引入，使得技术溢出效应给许多新兴经济体在参与国际分工时带来技术进步。但是，对于集群企业而言，能否成功实现从外溢技术到本国创新的转变，取决于其企业技术吸收能力的强弱。一般而言，较为扎实的人力资本积累以及较高的经济发展水平等都有助于企业吸收先进技术的外溢，并最终转化为自身的创新成果。同时，研究发现，企业的吸收能力需达到一定的门槛值时才能将全球价值链的技术外溢效应转化为自主创新的动力。虽然“中国制造”的商品已遍及全球，但是相对于发达国家而言，中国对先进技术的吸收还存在吸收能力不足以及良莠不齐的问题。以我国的汽车产业为例，汽车产业存在技术引进规模大但技术吸收能力弱的特点，虽然中、日、韩的汽车产业都是通过“引进—消化—吸收—创新”这一模式成长起来的，但是日、韩两国在不到30年的时间内就形成了较强的自主研发与国际品牌优势，而中国在历经几十年的全方位、大规模的技术引进后，还是无法达到国际市场的前列，“以市场换技术”在很大程度上只是起到了“以市场换利润”的直接效应，自身的吸收能力不足仍然掣肘着中国汽车产业向价值链高端攀升的速度。

（三）对全球价值链的过度依赖

传统增长模式中，中国凭借劳动力要素禀赋优势，被动融入发达国家主导的价值链分工体系，可获得的附加值十分有限。例如，2010年一部苹果手机的总价值中，中国获得的增加值收益只占2.3%（盛斌、吕越，2020）。另外，由于可以直接进口国外的高质量高技术中间投入，中国企业自主创新优质中间品的动力不足。例如，在中国半导体行业，生产商（如计算机、通信、消费电子）的崛起加上互联网信息技术的飞速发展，极大地增加了对高性能芯片的需求，但国内企业供应量匮乏，仅占到国内市场需求的1/5，在此情形下企业对集成电路产品的进口依赖度很高。

中国产业集群作为国际市场的后来者，容易形成对外部联系的过分依赖，面临丧失“功能升级”和“链条升级”动力的危险。中国是一个较晚进入国际市场的集群企业，伴随着国内市场的快速饱和，中国产业集群急需开拓国际市场。然而在国际市场上，中国集群不仅要面对技术领先、实力强劲的发达国家集群，还要面对同样具有成本优势的集群企业集群的激烈竞争。同时，中国产业集群技术水平相对较低，缺乏对国际市场规则的了解，导致中国产业集群开拓市场乏力。因此，当发达集群内领先企业把生产环节分包给中国集群的时候，国外公司的订单成为中国产业集群内企业竞相争夺的对象。虽然通过 OEM 的方式，中国集群内企业能够接受外部的技术扩散，获得稳定的销售渠道，但也可能因此逐渐放弃向价值链的高端环节延伸的主动权，面临丧失研发新产品、开拓新市场动力的危险。因为在国外市场上，中国企业涉足设计或销售环节，将对国外下单企业产生威胁，因此要承担丧失国外订单的风险。相对于企业自身研发、设计投入的昂贵费用，承接先进集群知识、技术的扩散，成本更加低廉，风险更低。因此，中国集群内企业容易产生对外部联系的过分依赖。于是，集群内企业的理性选择形成了集群升级选择的悖论：一方面选择下单生产，可以降低承担创新失败的风险，获得较低的稳定收益，却产生了可能长期陷入价值链低端的风险；另一方面选择创新，向价值链高端延伸，则面临承担丧失国外订单的风险。这种两难抉择构成了中国许多地方集群可持续发展的新图景。

（四）发达国家的“俘获效应”

美国杜克大学的格里芬教授最早提出了全球价值链治理的五种模式，其中在集群企业与发达国家之间最典型的就是“俘获型”模式。当集群企业被动融入发达国家跨国公司主导的价值链分工体系初期，发达国家为实现全球最优资源配置，除了利用集群企业的劳动力成本和基础设施优势外，也会主动输出一定的技术和标准，以帮助集群企业更快地适应价值链分工的需要。但是，当集群企业逐渐开始从价值链低端向高端攀升时，便会遭到跨国公司或大购买商的“俘获”，它们不仅会利用市场势力和先进技术对集群企业的价值链攀升实行阻截，还会通过其垄断地位建立不对称的价值链治理方式，控制当地企业的专用资产以限制其自主研发，从而牢牢将企业困在微利化的价值链低端，使在技术层面"弯道超车"无法成为可能。

（五）产业集群升级支持政策系统性缺失

从产业集群升级的内部和外部途径两个方面，分析了近年来对于产业集群升级中政府的政策响应、不同产业集群类型、产业集群不同升级阶段的政府行为的研究状况，认为在我国产业集群升级不同阶段的政府行为研究上不够深入，内部升级的宏观政策方面研究过多，不具体，可操作性不强。不同类型产业集群升级的不同阶段研究缺乏系统性，而且理论性不强。

中国特有的制度、文化影响下各地集群雷同的发育模式，致使集群一定时期内，要在经历国内恶性竞争的同时，还要应对国外先进集群的挑战。中国拥有广阔的国土面积和庞大的国内市场，加之区域经济的行政分割严重，政府热衷于上项目、铺摊子，因此，大多数产业都相应发育出多个区域集群。随着基本生产技术日渐成熟，行业的进入壁垒迅速降低，生产能力也迅速膨胀，生产过剩状态随即而至。由于生产设备的专用性强，产业的退出障碍较大，演化成目前国内许多集群恶性竞争的局面，削弱了集群的创新能力，形成集群发展的"技术锁定"，甚至导致集群经济萎缩。如国内各地比比皆是的高新技术产业区的模仿建设失败就是证明。

第三章 全球价值链视角下我国产业集群质量升级路径研究

第一节　国家质量技术基础的组成要素及特征

一、国家质量技术基础的概念及组成要素

国家质量技术基础（national quality infrastructure，NQI）是由联合国贸易和发展会议（United Nations Conference on Trade and Development，UNCTAD）①、联合国工业发展组织（United Nations Industrial Development Organization，UNIDO）②、国际标准化组织（International Organization for Standardization，ISO）③ 和世界贸易组织等在总结全球质量领域100多年实践经验基础上提出的概念，是指一个国家建立和执行“标准、计量、认证认可和检验检测”（后两者合称为合格评定）所需的质量体制框架的统称，既包括法规体系、管理体系等“软件”设施，也包括检验检测仪器设备、实验室等“硬件”设施，具有技术、生产和贸易三重属性（见表3－1）。

---

① 联合国贸易和发展会议是审议有关国家贸易与经济发展问题的国际经济组织，是联合国系统内唯一综合处理发展和贸易、资金、技术、投资和可持续发展领域相关问题的政府间机构。

② 联合国工业发展组织是联合国大会的多边技术援助机构。

③ 国际标准化组织是标准化领域中的一个国际性非政府组织。

表 3－1　国家质量技术基础的基本特征

	要素	技术属性	生产属性	贸易属性
质量技术基础	计量	主要解决单位制的统一和量值准确可靠	推动社会化大生产从经验走向科学	促使贸易达成的前提和基础
	标准	主要解决量的统一性	深化社会化大生产的分工与专业程度	建立最佳贸易秩序的基本准则
	认证认可	主要解决量的公允性	提升社会化大生产组织的质量保障水平	推动贸易便利化的重要工具
	检验检测	主要解决量的符合性	提升社会化大生产产品与服务质量水平	推动贸易便利化的重要工具

一直以来，在我国关于质量技术基础有多种不同的表述，《中共中央国务院关于开展质量提升的指导意见》中用的是国家质量基础设施，《“十三五”国家科技创新规划》中用的是国家质量技术基础。也有其他文件用国家质量基础、产业质量技术基础等表述。这些表述并不矛盾，其内涵是一致的，是国家质量基础设施在不同领域的外延。国家质量基础设施是理论、制度、技术和机制紧密联系的开放体系，包括法规体系、管理体系和技术体系（向亚玲、陈丰云和黄倩等，2020）。其中，建立在现代科学技术基础上的计量、标准、检验检测和认证认可技术共同组成国家质量基础设施技术体系，包含关键技术和装备、技术机构、技术队伍、技术平台、信息资源、技术服务等内容，是国家创新体系建设的重要组成部分，是我国国际竞争力的重要标志之一。国家质量基础设施技术体系在国家科技创新领域的提法就是国家质量技术基础，具体如图 3－1 所示。

质量技术基础被公认是未来世界经济可持续发展的支柱，其中，计量是标准、认证认可、检验检测的基准；标准是计量、认证认可、检验检测的依据；认证认可和检验检测是推动计量溯源水平提升、应用标准符合性验证规范发展的重要手段；计量、标准、认证认可、检验检测共同形成了完整的国家质量技术链条（宫轲楠、徐文见，2020），相互作用，相互促进，通过企业综合作用于产业整个价值链，

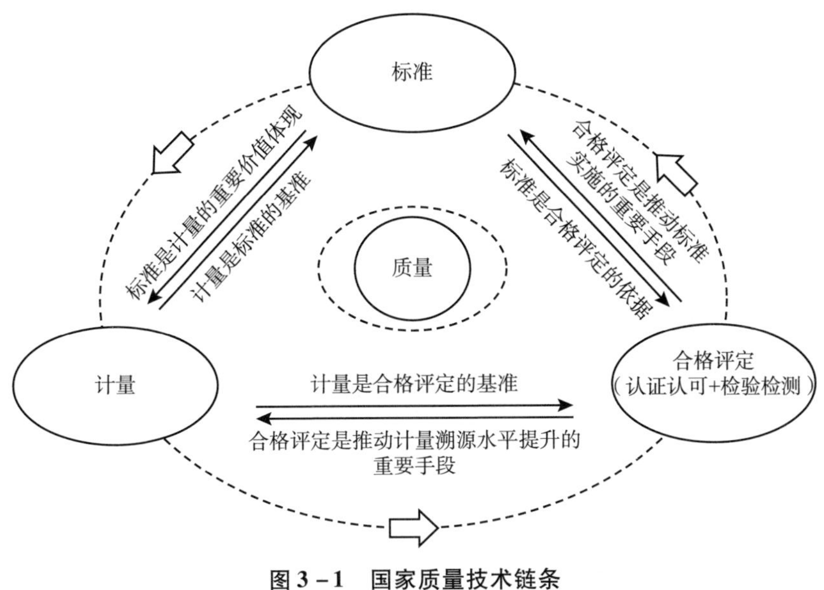

图 3-1 国家质量技术链条

资料来源：https：//baijiabao. baidu. com/s？ id = 1666402386561679243&wfr = spiden&for = pc.

共同支撑国家质量发展。计量是质量技术基础的基准；标准是质量技术基础的依据，是计量的重要价值体现；认证、检验检测是质量技术基础溯源水平提升和标准实施的基本手段；认可是质量技术基础服务提供者有关资质和能力的证明和确认。简单地说，计量解决准确测量的问题；实际需要多大的量，就形成了标准；标准执行得如何，就需要通过认证认可和检验检测来判定。

二、国家质量技术基础的内涵及特征

（一）国家质量技术基础是战略性的国际竞合技术规则

一方面，伴随着经济的全球化，国家质量技术基础逐渐成为国际通用的“技术语言”。国家质量技术基础体系的全球合作为高度细分的现代国际产业分工提供了坚实的技术保障，实现了从全球各地采购产品的互换性、兼容性和一致性，提高了国际产业分工协作的效率和质量，降低了企业生产成本和国际贸易成本。另一方面，一个国家质量技术基础能力水平越高，其产业尤其是新兴产业的国际竞争优势越明显。计量代表国家最高测量水平，决定了国际经济科技竞争中的数据话语权。标准是国际竞争的制高点，新兴的创新技术、产品与技术标准的深度融合，引领构建高质高效的产业链和生态圈，形成具有垄断性的产业竞争主导权（李婷婷，2018）。从微软与英特尔合作联盟（Wintel）到5G标准无不证明了这一点。

（二）国家质量技术基础是关键性的产业技术基础

国家质量技术基础是现代产业技术体系不可或缺的重要组成部分，产品生产过程中每个环节的质量水平需要精准的计量来控制；高水平的技术标准代表了产业技术发展水平，先进适用的标准能够带动从基础材料、核心元器件、重大装备、关键工艺到最终产品的质量提高；检验检测是否科学、准确直接影响着产品质量性能。严格的认证技术要求传递质量信任。我国虽已成为制造大国，但同时存在产业结构不尽合理、产品质量、档次与附加值不高等问题。究其原因，除了产品技术水平、人才队伍素质等因素外，国家质量技术基础能力薄弱也是重要因素。在推动产业链现代化、建设具有国际领先水平的现代产业体系进程中，必须同步提升我国质量技术基础核心技术能力，实现我国质量技术基础体系的高级化（徐成华，2020）。

（三）国家质量技术基础是基础性的科技创新平台

科学性是国家质量技术基础的本质属性。国家计量基标准、国家标准物质等都是科技创新所需的国家科研基础条件平台，高水平的计量能够保证从科学研究到科技成果产业化整个科技创新链各个环节中数据量的一致性和准确性。标准是对人类社会某一发展阶段技术成果和实践经验的提炼和固化。科技创新需要站在巨人的肩膀上，以前人的技术和经验积累为基础。从这个角度来说，固化科技成果的标准也是开展科技创新的重要基础性工作之一，标准的实施也能带动科技成果普及推广（陈岳飞、张云曼，2020）。总而言之，科技创新不断提升质量技术基础水平，高水平的质量技术基础体系为科技创新提供坚实的基础性保障，二者共同促进国家经济社会整体技术水平和质量水平螺旋上升（张豪、蒋家东，2020）。

（四）国家质量技术基础提供系统性的公共技术服务

国家质量技术基础具有公共产品属性，支撑并服务于国民经济的各个领域。一方面，从国家治理角度来说，质量技术基础能够为保障国家安全、改善政府监管、优化公共服务、保护消费者利益等提供基础公益性的技术支撑（岳飞、邓树新，2021）。计量测试、技术标准、风险分析评估、检测监测等技术也是提升市场监管效能、实现科学监管的重要技术手段。另一方面，从产业发展角度来看，质量技术基础本身就是一种新兴的服务业态，在《国民经济行业分类》（2019修改版）中被纳入专业技术服务业，需要充分的市场竞争，但同时相对其他市场主体，质量技术基础是第三方的产业共性技术服务平台。为产业链中不同企业主体提供专业性、系统性的质量技术基础服务。质量技术基础提供的系统性攻关技术服务为产业集群营商环境优化、核心竞争力提升提供了基础性技术支撑和保障。

第二节 我国质量技术基础建设现状及问题分析

一、我国质量技术基础建设基本状况

（一）国家质量技术基础建设背景

一个国家的经济力和科技力决定了该国家的综合国力竞争地位，

对后发展国家来说，要想实现经济社会的持续发展，自主创新能力尤为重要，科技创新实力这一受到国际统一认可、具有话语权、代表着国家实力水平的关键指标必须得到提升。随着科技创新实力在全球日益激烈的综合国力竞争中地位愈加重要，国际质量技术基础的建设正在向创新发展，不断追求技术领先优势。国家质量技术基础建设作为开展质量监督管理的重要途径、构建经济社会活动最佳秩序的重要工具，在推动经济转型升级、科技创新，提高质量竞争能力，激发市场活力，提升国家经济发展的效益与质量，维护国家核心利益等方面发挥着不可替代的作用（蒋家东、李相稹和郑立伟，2019）。

在当今世界愈加复杂的经济社会环境中，我国经济步入高质量发展阶段，但我国经济却处于下行压力加剧的状态，新冠肺炎疫情、中美贸易摩擦、石油价格战、国际金融海啸等事件频发，我国经济怎样实现稳定增长成为市场焦点。2020 年 11 月 3 日发布的《中共中央关于制定国民经济和社会发展第十四个五年规划和二〇三五年远景目标的建议》中将国家质量基础写入了“十四五”规划建议，指出要完善国家质量基础设施，加强标准、计量、专利等体系和能力建设，深入开展质量提升行动。2021 年作为“十四五”开局之年，落实国家关于国家质量技术基础建设任务和目标，是当前我国各级政府“十四五”期间的重点任务之一。欧洲在二战后经济快速发展源于完成了计量、标准、检验检测、认证认可的区域统一和共享，实现了工业化生产成本的降低和欧盟各国间技术壁垒的消除，为欧洲的贸易发展提供了最大的便利。因此，国际上普遍认为国家质量技术基础设施是实现质量竞争能力提升的重要基石。国家质量技术基础建设的应用领域涵括了所有的产品与服务，具有专业性、技术性、国际性、系统性和公共性。从基础设施建设来说，无论是传统基建的公路、铁路建设，还是新型基建的大数据、5G 建设等内容，都与国家质量技术基础息息相关，甚至可以说是奠基石，基础设施的高质量发展离不开国家质量技术基础的支持与保障。国家质量技术基础建设的核心在于应用先进技术并保持质量的稳定，而它具有的计量的基准性、检验检测的符合性、标准的规范性、认证认可的公允性等功能有助于转化先进技术成果，保证质量，推动基础设施建设的高质量发展，向实现质量强国战略迈进，而实现质量强国战略目标更加需要加强国家质量技术基础建设（张遥奇、马国梅和陈岳飞，2020）。

（二）国家质量技术体系建设取得的成绩

面对复杂、多变的国际社会环境，中共中央、国务院将高质量和效益作为推动发展的立足点，凸显质量技术基础建设的战略地位和基础作用。以习近平同志为核心的党中央多次强调要加强质量技术基础的研究与应用，促进我国经济保持中高速发展，助力我国产业集群发展向中高端水平迈进（张宝友、黄妍、杨玉香等，2021）。我国现已制定并实施了一系列的政策与措施，初步建成较为完整的质量管理体系，促进了质量技术基础的长远发展，壮大了质量技术支撑机构，提高了质量技术科技水平。自党的十八大以来，我国相继出台多项政策文件支持质量技术基础的发展，奠定了质量技术基础体系建设的基调，如《“十三五”国家科技创新规划》《国家创新驱动发展战略纲要》《中共中央国务院关于开展质量提升行动的指导意见》等，都规划了质量技术基础科技创新工作。地方政府和行业机构也纷纷响应国家政策，积极布局质量技术基础创新工作，推动当地质量技术基础的发展。2017 年，由原质检总局和科技部联合印发的《关于加强国家质量基础科技创新的指导意见》中，对加强地方质量技术基础创新工作进行了部署。其中，上海市制定了质量技术基础发展规划，浙江、安徽、广东、广西、江苏等省（区）在地方科技计划中积极争取加入“质量基础共性技术研究与应用”项目，构建了国家与地方分工合作，共同推进国家质量技术基础设施科技创新的格局（孙志燕、郑江淮，2021）。

从科技创新投入来看，我国的科技体制深化改革实施方案提出了

12 项质量技术基础方面的改革任务；质量技术基础首次以专栏的形式出现在国家科技创新五年规划中，被纳入国家科技决策范畴；首次在国家重点研发计划中设立“国家质量技术基础共性技术研究与应用”重点专项，面向民生保障和产业转型升级等国家重大需求开展研究，提供 17.83 亿元的财政支持用于国家质量技术基础科技攻关。截至 2020 年，该专项计划中立项项目有 176 个，承担单位属于市场监管系统的有 84 家，项目成果有研制国家标准物质 506 项，计量、测量标准装置 337 台，制定国家标准 1729 项，国际标准 210 项等内容，这些成果应用于国家“一带一路”倡议、自贸区建设等领域，推动国际合作与发展。总体来看，“十三五”期间，我国质量技术基础体系建设工作取得较大成效。国家质量技术基础体系的不断完善，在提升经济发展质量，促进我国产业集群转型升级方面的作用不断凸显。

1. 校准与测量能力国际排名上升

我国得到国际互认的校准与测量能力经历了“十二五”期间全球排名第七到第四，现今排名第三，亚洲第一的提升，1678 项校准和测量能力得到国际认可，拥有 3500 万年不差一秒的新一代国家秒长基准，成为世界上少数几个拥有独立时间频率基准的国家①。

2. 夯实科技基础，加强计量支撑实力

在“十三五”期间，我国计量体系的实力得到明显加强，降低了企业营运成本。我国的国际计量基准已建成 182 项，5.9 万余项社会公用计量标准，同 20 多个国家和地区签订计量合作协议共 65 份，批准筹建现代服务业、战略性新兴产业的国家产业计量中心 35 家，研制出计量测试设备 13.9 万套，申请 2259 项专利，起草 2152 项标准与技术规范，为企业节约了 43.3 亿元的成本②。

3. 提供疫情防控计量保障

面对新冠肺炎疫情的冲击，国际计量服务行业的供应链和服务链

---

① http：//www.cqn.com.cn/zj/content/2018－05/20/content_5809030.htm.

② https：//baijiahao.baidu.com/s？id＝1644822456465045090&wfr＝spider&for＝pc.

也受到严重冲击，正是由于我国计量体系的不断完善，确保了我国疫情期间计量服务行业的有效运行，为我国在疫情防控领域竞争中提供了重要的技术支持。疫情期间共开展 237.6 万余次的计量服务，减免企业相应费用 12.2 亿元，研制出 25 种国家标准物质，掌握了新冠肺炎病毒核酸和单抗测量两项国际计量比对联合主导权。而且，我国检验检测服务能力得到大幅提升：据全国认证认可检测工作会议上的数据可知，截至 2020 年底，我国的认证认可检测机构主体发展到了 4.5 万家，合计出具报告达 5.9 亿份，该服务业产值有 4000 亿元，是全球范围内增长速度最快，发展潜力最大的认证检验服务市场①。

4. 质量技术基础创新水平跻身世界第一梯队，国际地位不断提高

在国家政策的引导下，我国质量技术基础创新方面自党的十八大以来获得多项重大突破：获得 16 项国家科技奖励，2 项国家科技进步一等奖，拥有 3000 多个市场监管系统的各类技术机构；1574 项国际互认测量与校准能力，位于国际第三（美国第一、俄罗斯第二）；我国占主导地位制定、发布的国际标准在 IEC 和 ISO 中的占比之和达到 1.9%，不断缩小与国际先进水平的差距，提升国际影响力。② 我国的质量技术基础已经具备国际规则运行条件和国际话语权，影响力与权威性在不断提升。按照计量、标准、检验检测、认证认可的分类进行统计，从事相应专业服务研究的机构数量分别为 3274 家、277 家、33000 家、7000 家，仅中国质检行业市场规模每年达到 3000 亿元（前瞻产业研究整理，2016）。质量技术基础为我国“大众创业、万众创新”“一带一路”“中国制造 2025”等提供了技术支撑，迫切需要质量技术基础的创新发展推动企业研发进程，控制质量过程与成本，实现高质量发展。

① https：//baijiahao. baidu. com/s? id = 1699030024180190581&wfr = spider&for = pc.

② https：//www. ce. cn/xwzx/gnxw/201901/24lt20190124_31352871. shtml.

二、我国质量技术基础存在的问题

（一）质量技术基础自身建设较为薄弱

从与欧美发达国家比较差距以及我国高质量发展需求来看，我国的质量技术基础设施建设整体水平较为薄弱，新兴产业缺乏机构进行综合检验检测，国有检测机构自身能力和自主技术检测水平较低，没有能够服务国外的优质品牌，相关材料标准评价内容多为沿用与套用，评价体系不完善，缺乏产品、工艺过程、评价实施方面的标准，现有质量技术基础存在发展不平衡、不充分的问题，难以满足经济社会发展的需要（郭栋，2016）。一是质量技术基础建设自身发展较晚，全社会对质量技术基础的战略作用存在认知差异。部分地方政府参与质量技术基础建设的积极性有待加强，企业的质量技术基础研究内生动力不足，缺少产业质量全方位控制的协同关键技术，现有成果难以支撑产业的全方位发展。二是国家质量技术基础建设体制有待完善，相关法律法规需要更新，协调机制未能发挥合力作用，技术机构布局缺乏系统性，信息建设薄弱。三是系统建设不完善，计量、标准、检验检测、认证认可等要素未能充分发挥质量技术基础要素应发挥的聚合效应，且存在着标准交叉数据不一致、互不验证的情况。因此，需要改进质量技术基础系统内部不适应、不匹配的结构性问题，重视各个要素的内部结构，达到“1 +1 +1 +1 >4”的效果。四是基础性保障投入不足，质量技术基础建设缺乏持续动力。国家质量技术基础持续健康发展的基础性要素有大量的经费投入、完善的信息化建设、健全的法律法规等，但实际问题是我国的质量技术基础信息化建设还不能实现信息、人才、业务以及设备等资源的共享，互联网建设有待加强。

（二）核心技术缺乏，与国际水平差距较大

我国的质量技术基础研究正处于起步阶段，虽然发展迅速，但同国际水平相比，我国质量技术基础的整体建设水平仍存在较大差距。在我国制定的国际标准中，主导制定标准占国际标准总数的比例只有0.7%，新兴产业领域的相关技术规则制定处于劣势，90%的高端检测仪器、设备需要进口，我国的核心技术还存在空白，被发达国家控制和封锁，基础元器件检测、高端集成电路和精确微量检测等领域的核心技术迫切需要突破瓶颈。新计量技术体系建设尚处于开始阶段，我国还未能建立起独立自主、国际领先的中国标准（李婷婷、赵陕雄，2018）。以新材料产业为例，当前快速变化的技术创新环境无形中提高了对标准时效性与适应性的要求，但我国当前的材料产业标准无法满足现实需求，已有标准覆盖范围需要扩大，集中在化学分析类和基础类领域，新材料标准的前置研究缺乏动力，标准的更新落后于新材料的发展，存在新材料产品研发速度超前于标准制定或修订的速度。不仅是标准的更新，检验检测的服务能力也无法满足现有需求。如航空材料缺乏表征技术的储备和更新，前沿材料检测储备不足；船舶工业缺乏特种功能涂料、污损防护材料、非金属材料等方面的评价方法和在线监测技术，有待建立完善的数据资源共享平台，提高统计效率和虚拟仿真能力。

（三）“一站式”服务平台效率较低，综合服务能力有待提升

我国现有的“一站式”服务平台开展的服务主要有质量培训和检验检测两类，共享种类较为单一，其中共享的数据有资源、要素、信息、技术等内容。一方面，“一站式”服务平台尚未能实现全覆盖性，面向的服务对象是园区内的企业，服务特点是为其提供零距离服务。但当范围延伸至园区外的企业时，平台提供服务的便利性将会大打折扣，服务效率降低。因此，“一站式”服务平台的综合服务能力

提升，需要整合质量资源，进一步调整区域布局，真正实现平台的零距离服务。另一方面，“一站式”服务平台的网上办事能力较低，审核时间较长，让公众“一次不跑”的目标难以实现，不能高效、便捷地让更多中小企业得到便利。国际上普遍将国家质量基础设施解释为标准、计量、认证认可、检验检测四个方面，我国在一站式平台的设置上也遵循了国际惯例。但为了满足产业集聚、转型发展、品牌培育和质量提升的全方位服务要求，“一站式”服务平台功能需要拓展为计量、标准、检验检测、认证认可、品牌建设、质量管理等多个方面。考虑到企业的规模、发展阶段、业务内容各不相同，为其提供的质量技术基础服务也各有差别，智能化、个性化的服务需求有待开发，可以将开展个性化定制服务作为“一站式”服务平台未来创新的方向。

（四）专业技能人才队伍建设有待加强

我国缺乏质量技术基础研究领域的专业技术人才和高端复合型人才，人才培养难以对接科技、产业、财政、金融、环境等专业，且专业技术人才流失现象严重，机构人员结构断档，工作人员技能素质较低，能力有待提高。以计量工作为例，原有检定员的考核制度流于表面，存在大批专业人员技能素质无法满足工作需求的现象，而现在推行的注册计量师通过考试难度较大，常常出现注册计量师身兼多职，工作超负荷的现象。而且，标准化方面的工作人员存在地区分化严重的情况，发达省市的标准化人员与岗位较为匹配，而在其他地区的省市标准化人员远少于岗位需要数量，到县级地区更加少见标准化人才，这种情况下，质量技术基础建设服务能力和监管职责严重缺失，迫切需要系统培养质量技术人员，推广国家质量基础建设，加大引才力度。

（五）国家质量技术基础国际化发展进程同产业需求不匹配

我国现有国家质量技术基础建设体系未能充分发挥出社会力量、市场机制的应有作用，具备竞争性质的相关质量技术基础供给不足。一方面，我国现行的标准格局是政府为主、社会组织为辅，社会组织牵头制定的标准少之又少，在一定程度上限制了标准的市场供给和社会发展。而且现有检测认证机构布局不合理，东部、中部以及西部地区之间标准化水平参差不齐，每个地区的检测机构较少、规模较小，不能很好地满足当地经济发展的需要。另一方面，我国标准的研究与实施受到多种因素的制约。国际上通常将标准、认证和检测系统运行，实行“三位一体”的运行机制，抽出部分认证和检测获得的收入用于标准的研究工作，相互促进、相互制约，不断提升标注的水平。但我国“三位一体”模式的运行不畅，源于标准、认证和检测三方是相互独立运行的，未能提供标准的研究经费，各机构间行政管理板块化，不能及时交流信息也制约着标准、认证和检测发挥综合作用。这种情况下，我国的检验检测能力水平就无法达到国际化要求，不足以支撑中国产品“走出去”，使我国产品的国际竞争力受到影响。

综合来看，质量技术基础各要素在区域合作、协同创新、资源集成、机构人员协作、一体化服务等方面还相对独立，主要表现在：质量技术基础科技创新在国家、行业、地方、产业、企业分工，还需进一步统筹和布局；各要素之间的协同创新与集成应用不够；质量技术基础各领域的信息资源综合集成度低，市场机制和社会力量的作用未能充分发挥，企业的质量技术基础科技资源还没有充分利用起来；机构和人员交流协作不够，协同解决关键技术需求的能力不足；公共技术服务平台、资源共享平台等还不成体系等。总而言之，质量技术基础的整体优势和总体效能未能充分发挥。

三、我国质量技术基础的建设动力和作用

（一）国家政策扶持

质量技术基础与交通、通信、水利、文化教育、医疗卫生等基础设施一样，是国家发展质量的基石，是提高人民福祉的保障手段，是综合国力和国际竞争力的体现，在国家治理体系建设、促进经济转型升级、推动科技创新、保障和改善民生、参与国际竞争，以及保障国家核心利益等方面发挥着重要的基础性作用。党中央、国务院历来高度重视质量工作，制定实施了一系列政策措施加强技术基础建设（陈钢，2016）。特别是"十三五"以来，先后出台一系列文件，明确要进一步加快质量技术基础发展。其中《国家中长期科技发展规划纲要》明确要"研究制定高精确度和高稳定性的计量基标准和标准物质体系，以及重点领域的技术标准，完善检测实验室体系、认证认可体系及技术性贸易措施体系"；《中国制造2025》在工业"三基"（基础原材料、基础零部件、基础工艺）的基础上，进一步提出产业技术基础作为工业发展的"第四基"，强调质量为先的同时，就"夯实质量发展基础"进行了部署。近日，中共中央、国务院印发《国家创新驱动发展战略纲要》，进一步要求实施知识产权、标准、质量和品牌战略，提升中国标准水平，推动质量强国和中国品牌建设。随着中国质量时代的开启，"一带一路""京津冀协同发展""长江经济带""长三角区域一体化"等国家和地区政策的实施，质量技术基础的重要作用将更加凸显。

（二）双循环发展格局内在要求

1. 国内市场

由于新冠肺炎疫情的影响，全球经济发展遭到了严重冲击，国际

贸易和投资受限，与此同时，逆全球化势力有所抬头，保护主义和单边贸易倾向逐渐显现，国际局势更加紧张，经济发展而临较大压力。2020 年 5 月 14 日，在中央政治局常委会会议上“双循环”概念被第一次提出：“要深化供给侧结构性改革，充分发挥中国超大规模市场优势和内需潜力，构建国内国际双循环相互促进的新发展格局。”① 2020 年 7 月 21 日，习近平总书记在与企业家座谈中又一次明确指出：“国内循环为主，是通过发挥内需潜力，使国内市场和国际市场更好联通，更好利用国际国内两个市场、两种资源，实现更加强劲可持续地发展。”② 2020 年 7 月 30 日，中央政治局会议明确指出，“当前经济形势仍然复杂严峻，不确定性较大，我们遇到的很多问题是中长期的，必须从持久战的角度加以认识，加快形成以国内大循环为主体、国内国际双循环相互促进的新发展格局，建立疫情防控和经济社会发展工作中长期协调机制。”③ “双循环”的提出并非针对短期国际环境的应对策略，而是从一个长远视角出发提出来的，是我国“十四五”经济部署的重要基础（沈坤荣、赵倩，2020）。国内大循环是“双循环”发展战略的基本落脚点，充分挖掘国内市场资源，立足内需，建立完善的国内市场引领国际贸易，促使我国从国际秩序的跟随者变成构建者。“双循环”是我国进一步改革和开放的必然选择。“双循环”格局切实可行。

经过多年快速发展，我国逐渐成为世界上最有潜力的大市场，这一点已经被现实所验证。我国具有最完备的产业配套条件，经济“双循环”是切实可行的。我国国内统一市场已经基本形成，互联网和物流的发展，打破了空间和时间上的局限，经济发展更加高效（朱鸿鸣，2020）。从消费者角度看，我国人口已经达到 14 亿人之

① 构建新发展格局，习近平总书记这样战略布局［N］. 中国青年报，2020－9－24.

② 以畅通国民经济循环为主构建新发展格局［N］. 人民日报，2020－8－27.

③ 中共中央关于制定国民经济和社会发展第十四个五年规划和二〇三五年远景的建设［N］. 人民日报，2020－11－4.

多；从市场总规模看，2019 年我国已经突破 400 万亿元。同时，我国具有世界上最完备的产业配套体系，国内市场存在广阔潜力待挖掘。“双循环”经济中的内循环为主并不等同于闭关锁国，与改革开放不相矛盾，二者相互促进，共同推动我国经济的可持续发展。内循环是我国经济发展的落脚点和出发点，外循环是经济发展的重要战略举措，面对当前复杂的国际局势，我国必须以全新的方式参与外循环。国家质量技术基础产业服务范围广，可包含国民经济的所有行业，公共产品属性极强，在促进国民经济发展中的作用不断提升，是国家质量基础设施的核心组成部分，是巩固中国在国际产业链、价值链地位的重要依托。从产业链角度来看，质量技术基础相关产业是制造业的伴生产业，中国作为制造大国，为质量技术基础相关产业发展提供了广阔的国内市场空间。目前我国质量技术基础体系水平还存在明显不足，“卡脖子”的关键核心技术大部分都掌握在西方发达国家，产业发展的自主性受到严重威胁，显然这与双循环发展格局的构建要求不相符，中国产业集群升级发展需要完善的质量技术基础体系作为基础支撑，为此，建设和不断完善质量技术基础体系是我国经济社会高质量发展的内在需求，也是新发展格局构建的本质要求。

2. 国际市场

在新型冠状病毒和西方逆全球化战略的双重冲击下，国际产业分工格局正在重塑，我们既要面对全球新一轮科技革命和产业变革，又要兼顾国内加快转变经济发展方式，新一轮科技革命和产业变革推动国际质量技术基础变革，这为国家质量技术基础创新发展带来重大历史机遇，与此同时又面临差距进一步拉大的严峻挑战。在计量领域，国际计量体系正面临计量基准量子化、量值传递扁平化的重大技术变革，计量技术创新发展将会对我国生产生活各领域的测量精度产生深远影响。在新发展格局下涉及百姓民生的信息技术、空间科学、生命科学等领域必将进入快速发展轨道，与此同时，社会经济运行、自然灾害预防等领域的量传溯源体系将会备受重视，相关建设也纳入中国的中长期规划，为计量发展带来机遇。这显然将对我国计量科技乃至社会经济发展产生深远的影响。在标准领域，新一代信息技术，新能源汽车、石墨烯等新技术，新产业领域的标准是全球竞争的重点领域，同时，云计算、物联网、工业互联网等技术的兴起，迫切需要标准来解决互联互通的问题，另外，智能制造技术、微纳制造技术、再制造技术、增材制造技术、仿生制造技术等新技术不断涌现，当前迫切需要加快新兴制造技术的标准化研究，以及相关标准的研制和推广（田博文、高潇潇和姜伊朦，2020）。这些领域都需要政府主导，加强标准研发，抢占国际标准的制高点，提升我国产业集群的国际分工地位。在检验检测领域，伴随着经济和科技的迅猛发展，新技术、新产品、新业态、新模式爆炸式亮相，新能源、碳减排、信息安全、现代服务业等产业迅速兴起，质量的概念和内涵不断扩充，这些新增的内涵、要素越来越需要专业的权威评估，合格评定的需求越来越强，检验检测和认证认可的视野不断向深度和广度全面展开，其影响越来越广，作用也越来越大。同时，机器人、人工智能等新技术将引发智能化检验检测浪潮，检验检测的技术和模式都在发生深刻变化，检验检测作为检验产品符合性服务，其将决定我国产业集群未来新兴产业领域的产品是否能够满足市场需求。在认证认可领域，认证认可技术和理念因为信息技术的发展而出现了重大转变，以区块链技术为例，其有不可复制、去中心化、不可篡改和透明公开的特性，这些特性是提升认证认可权威性和认可度的重要特性，将极大影响认证认可技术发展。整体来看，我国的质量技术基础体系创新发展正处于从数量积累向质量升级的关键时期，国内市场和国际市场都要求质量技术基础体系不断完善，为产业集群发展和经济社会建设贡献更大的力量。

3. 国家质量技术基础对经济社会发展的驱动作用

当前，我国产业集群发展正处于转型升级的关键阶段，而质量技术基础在经济转型升级中扮演着奠基石角色，涉及核心基础零部件/元器件、关键基础材料以及先进基础工艺发展的整个过程，彼此之间相互影响，协同作用于产业发展的每个阶段。我国的质量技术基础发展水平经历了“跟跑”“并跑”“领跑”三个阶段，目前我国科技水平处于爆发式增长状态，但与国际发达国家相比仍有较大差距，尤其是在某些领域存在着技术制高点的缺口，尚未能掌握核心技术与关键部件，仍受制于人，鉴于市场环境愈加复杂，技术路线充满不确定性，国家质量技术基础突破创新存在一定难度。加强质量技术基础建设一方面有利于激发经济增长新动能和自身市场潜力：从标准角度来说，标准化对国家经济增长做出的贡献排序为德国（27%）、法国（23%）、英国（12%）、中国（7.88%），可以看出我国的标准化市场仍有较大发展空间。目前我国在核心产业领域上存在着标准缺失、体系不健全的问题，这些问题不仅影响我国在国际竞争中的话语权，还时刻受到国外竞争对手的起诉风险，我国产业集群高质量发展必须重视标准体系的完善和建设。从计量角度来说，计量检测量现代化工业生产的支柱，工业化国家进行的测量行为贡献了国民生产总值的4% ~6%，计量方面的投入效益比为1∶3①，而且政府对计量的财政投出与其产生的技术、经济收益具有显著的正相关关系，该收益贡献了GDP增长的0.8% ~1.5%，显然加强计量体系的建设有利于促进我国经济质量的提升。在我国的仪器设备资产中，90%新兴产业的关键测量仪器设备需要从国外引进，虽然我国的测量仪器设备产量大，却位于全球产业链末端，多为低端制造，中端仪器设备的市场占有率较低，上升潜力巨大。从合格评定的角度来说，我国目前还未出现一家国家知名的检验检测品牌（门剑中，2019）。根据《中国质量检验检测产业发展前景与投资预测分析报告》统计数据可知，我国的检验检测机构一共有3.9472万家，其中96.3%机构是小微型企业，业务范围集中在本省领域，能够开展境外业务的机构仅有273家。另一

① 王颖婕，路正南．美国NQI发展及对中国的启示研究［J］．现代管理科学，2018（1）：27－29.

方面加强质量技术基础建设还可以推动产业融合发展。质量技术基础的通用性、兼容性特征可以实现共性技术的传承，推动不同的产业实现融合发展，加快现代服务与先进制造业的融合进度，提高信息化与工业化的互促效果，获得经济效益的巨大增长，如智能网联车产业中成熟产业质量技术基础技术的应用。

综合上述分析来看，质量技术基础体系的建设和完善能够促进经济社会发展，提高产业集群的竞争力，且质量技术基础行业本身具有巨大的市场空间，能够为区域经济发展提供新型动力。因此，我国各级政府部门有加强质量技术基础体系投入，夯实质量技术基础体系的基础，提升质量技术基础的动力。

第三节　国家质量技术基础对于产业集群质量的影响机制

计量、标准、检验检测和认证认可共同构成了质量技术基础体系。质量技术基础的发展过程能够对制造业产业集群质量提升发挥重要作用。

一、计量促进产业集群质量升级的机制分析

产业集群作为具有区域特色的产业聚集区域，其产品的生产、加工和营销过程需要应用多种不同的极端量测量、计量传感技术、在线测量技术等，通过对产品生产过程中每个环节质量的精准计量控制，以满足客户对产品精度和稳定性的要求；同时，从产业集群价值链分析，考虑到终端产品可能涉及多个产业集群的规模协同，产品从设计到销售的过程中有多个企业共同参与，这些企业的生产加工过程都必须有统一的计量体系标准来衡量，从而实现精细生产。另外，从集群

内部生产来考虑：原材料进厂（园）检测，确保原材料符合进厂要求；生产工艺流程管控，通过计量测试确保生产流程制造的关键信息准确可靠；成品合格检测计量要确保产品达到客户要求，这些计量测试监督过程要确保产品质量保持在较为稳定的水平。在当前大数据时代下，设计、制造以及加工过程的信息化水平不断提高，在产品生产控制过程中数据的准确度、及时性以及可靠性作用不断增强，在产品质量升级中计量的便捷性、智能化、准确度的重要性愈加凸显。从国际贸易的经济往来考虑，集群产品进行市场交易后，产品的计量信息是国际的通用技术语言信息，保障世界主要国家对于产品本身量值等效，能够支持产业集群产品开拓全球化市场，更好地嵌入全球价值链，使得产品质量得到更多客户的认可。尤其在国际贸易中，超过80%必须经过计量才能实现，计量的发展是中国产业集群产品进入全球价值链的重要基础保障，也将在产业集群升级发展中发挥重要的作用。

二、标准促进产业集群质量升级的机制分析

在质量技术基础中，标准不仅是产业集群内上下游企业共同的“语言”和“准则”，也是产品全球大规模协同生产加工的“准绳”，提高了集群内企业相互交换技术的可能性，增强了企业之间相互协同的能力，确保了集群企业产品的质量（马中东、宁朝山，2020）。同时，标准也是产业技术基础的核心要素，一方面，集群企业在执行高标准时，整个产业链都会需要共同提高生产工业标准或者原材料标准等，从而出现产业波及效应和外溢效应，将会带动整个产业链的升级。但集群企业可能需要更多的创新技术和成本进行支持，所以标准的提升不仅仅需要核心企业的参与，也需要其他供应链主体的共同参与，才能提升整个供应链质量，促进产业集群质量升级。另一方面，如果集群企业都采用较低标准进行生产经营，不仅导致集群内部产品同质化、产能过剩等问题，还会消耗大量的资源，反而抑制了产业集群

的转型升级。另外，集群企业参与国际国内标准的制定和实施，不仅能促进企业创新，提升企业竞争力，使企业保持可持续的领先地位，还能在集群内部形成“硬约束”，使得产业竞争环节更加公平有序，不断推动产业集群的转型升级，助力产业集群逐步向全球价值链的中高端环节攀升，最后形成集群的整体竞争优势，并逐步演化为国家竞争优势，提升整个国家的国际分工地位和供应链、产业链发展的话语权和治理权。

三、检验检测促进产业集群质量升级的机制分析

检验检测是否准确科学直接影响到产品的质量性能。检验检测服务结构能够为集群企业产品的技术参数、指标、特性等提供专业测量，通过与标准数据比较，来判断集群企业产品是否符合标准，从而评判产品质量是否符合市场准入要求。通常情况下，区域检验检测机构数量越多、能力越强，说明区域产品对于检验检测的需求越高，市场对于该区域集群企业产品质量的要求越高，其在市场中的竞争力也就越强。因此，严格的检验检测体系是产品高质量的保障。区域检验检测体系的不断完善是产业集群向市场传递产品高质量的信号，从而有利于建立区域品牌。在检验检测体系建立的过程中，需要平台共性技术、基础设施和大型检测仪器等作为基本支撑，单个企业难以建立完善的检验检测体系。因此，集群企业需要依托检验检测公共服务机构提供的服务，来降低企业检验检测成本，从而克服单个企业功能升级所面临的成本上升和规模抑制等困难，有助于产业集群不断提升产品质量和工艺水平，不断促进产业集群质量提升、竞争力加强。

四、认证认可促进产业集群质量升级的机制分析

严格的认证技术要求传递质量信任。质量信任不仅是在企业之间进行传递，还能在整个产业链和价值链进行传递，因此，认证认可被

视为一种“信用授受”行为，它能够在企业（供给端）和消费者（需求端）之间建立并传递信任，促进产品市场的拓展。认证认可不仅对产品的质量和性能进行符合性评价，还涉及服务、过程、标准、法律、管理体系等，都需要进行符合性评价，确保供给端提供的产品信息真实，减少企业假冒伪劣、偷工减料等投机行为，从而破解产业集群内“劣币驱逐良币”难题。从集群内部竞争分析，认证认可能够帮助消费者进行消费决策，实现高品质的消费，不仅能够促进消费者提升消费水平，而且可以对集群企业产生一种约束效应，倒逼集群企业不断提升产品质量，满足消费者对于消费升级的需求。尤其重要的是，认证认可能够向企业反馈消费者偏好、产品和服务评价信息，帮助企业不断优化资源配置，有利于引导企业持续改进生产工艺、加强过程控制等，最终实现企业的转型升级。从国际贸易竞争来分析，认证认可作为国际公认的质量技术基础，获得国际权威机构的认证认可表明集群企业产品质量得到行业权威的认同，有利于集群企业不断拓展国际市场，实现“走出去”的国家战略目标。综合上述分析，国家质量基础促进产业集群质量升级的运行逻辑如图 3－2 所示。

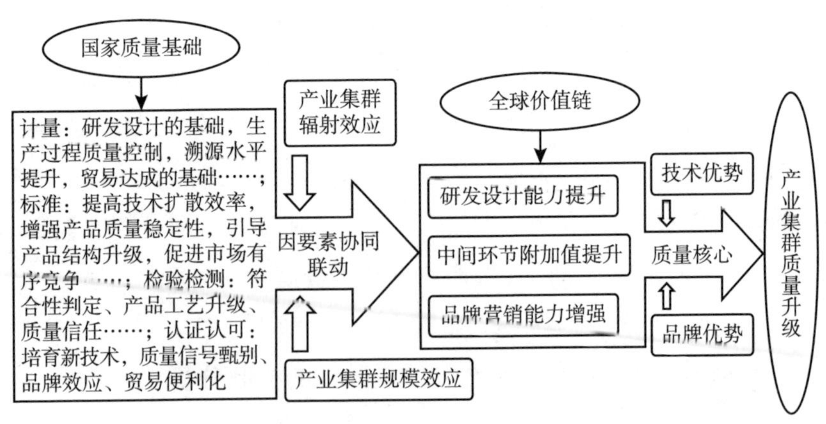

图 3－2　国家质量技术基础促进产业集群质量升级的逻辑框架

资料来源：马中东，宁朝山．基于全球价值链的国家质量基础与产业集群质量升级研究［J］．统计与决策，2020，36（15）：14－18.

第四节　质量技术基础促进产业集群质量升级实证分析

一、构建产业集群质量评价指标体系

（一）评价指标体系构建过程及原则

国家质量技术基础和产业质量（industrial quality，INQ）评价与其他评价问题一样，评价国家质量技术基础和产业质量是对多层次、多因素的综合评价过程。为了使国家质量技术基础和产业质量中互相关联、相互制约的因素层次化，得到一个科学合理的评价结果，必须构建一个科学合理的国家质量技术基础和产业质量评价指标体系。

评价指标体系是由评价对象的各方面特征及与其相互联系的各个指标所构成的内在结构性整体。国家质量技术基础和产业质量的评价指标体系是由反映国家质量技术基础和产业质量在经济、社会、环境等方面作用特征指标所构成的内在结构性整体。构建国家质量技术基础和产业质量评价指标体系的目的是为了整合展现国家质量技术基础和产业质量的真实情况，发现当前国家质量技术基础和产业质量建设存在的问题，厘清关键影响因素，从而提出对策建议。评价指标体系的构建既要求指标能够全面反映评价对象的全部特征，又要求指标数量尽可能简约，结构维度简单，确保评价过程和计算过程操作性强，结果科学合理。因此，在构建国家质量技术基础和产业质量评价指标体系的过程中不仅要求构建过程科学合理，还需要注重系统性和可操作性等基本原则，要求如下：

1. 科学性原则

评价指标的选取首先要注意科学性原则，所选择的指标来源于国家质量技术基础和产业质量系统，能够反映、刻画其特征，即所选评价指标能够客观地反映出国家质量技术基础和产业质量基本特征及其对当地生态环境和社会发展带来的影响；同时，评价指标要与国家质量技术基础、产业质量紧密相关，是来自国家质量技术基础和产业质量发展、建设和应用的过程；为了确保评价结果的科学性，国家质量技术基础和产业质量评价指标的数量和维度要进行控制，指标的维度不宜过于复杂，数量不宜过多，要既能刻画国家质量技术基础和产业质量的特征，又能全面地反映国家质量技术基础和产业质量的真实情况，同时还要确保数据获得容易、渠道权威、计算过程易实现。

2. 可操作性原则

通常在评价指标的选取过程中，要特别注意评价指标选取的大范围，保证指标整体的一致性，紧紧围绕评价目标，全面代表要评价的对象的特征（陈文锋、刘薇，2016）。指标体系的构建是为了更好地服务于国家质量技术基础和产业质量的评价研究，指标选取的计算方法和选取原则前后都要保持一致，避免外在因素对于指标数据获取的影响，确保国家质量技术基础和产业质量评价各指标尽量清晰明了、可测量。在确定国家质量技术基础和产业质量评价指标时，指标的含义要明确清晰，不存在模糊性，测量数据的单位要规范，符合国家标准，资料收集时也要参考国家的政策法规，满足测度相关的规定以及基本的试验方法执行原则。

3. 系统性原则

在构建国家质量技术基础和产业质量评价指标体系时，国家质量技术基础和产业质量的各子系统评价指标之间要具有一定的逻辑关系，一方面指标体系需要反映出质量技术基础、经济和社会发展之间的内在关系，另一方面要反映出质量技术基础、产业质量与外在环境变化之间的关系特征。国家质量技术基础和产业质量评价指标之间既是相互联系又是相互独立的，层次清晰的指标体系才能使得评价过程系统全面。找出国家质量技术基础和产业质量评价指标中的关键影响因素，以保证评价的全面性、系统性，提高可信度。

4. 动态性原则

国家质量技术基础随着经济社会的发展在不断发展变化，但在一定时期内的国家质量技术基础和产业质量评价指标可能是大致不变的，主要是国家质量技术基础和产业质量其基本特征和内涵没有变化；如果国家质量技术基础、产业质量内涵和特征因为经济社会发展、技术革新等原因发生了重大变化，这时就需要重新增减指标，及时更新指标体系，例如互联网技术对于零售业、餐饮业的影响，新型冠状病毒对于产业链和创新链的冲击，使得产业创新的重要性发生变化。在构建评价指标体系时我们要保持评价指标体系构建的动态性，考虑评价系统环境及其本质特征是否发生变化，使评价体系更加科学、合理。

5. 实用性原则

国家质量技术基础和产业质量评价指标体系的构建应具有普遍适用性，在不同的区域、空间内都有较好的效果，不能只限于应用于独一无二的区域，否则国家质量技术基础和产业质量评价指标的价值和意义将十分有限。同时，通过与其他国家质量技术基础和产业质量的评价指标体系对比能够反映出所建指标的优势，更能够体现国家质量技术基础和产业质量的本质和特征，使得评价指标体现能够被广泛应用于不同的区域，具有很强的实用性。

国家质量技术基础和产业质量的评价研究各个步骤要坚持以上原则，基于这些原则开展评价，有效建立起科学合理的国家质量技术基础和产业质量评价指标体系，使国家质量技术基础和产业质量评价结果更加科学、准确，反映出国家质量技术基础和产业质量的真实情况。

（二）评价指标体系构建过程

国家质量技术基础和产业质量评价指标体系集中体现了国家质量技术基础和产业质量的主要特征，其各层目标和单个指标对系统的整体评价影响也是不同的。国家质量技术基础和产业质量评价所有的指标都可以进行定量测量，各子系统指标对于国家质量技术基础和产业质量的影响和重要程度不同，为此，要确定不同子系统指标的权重信息，通常权重信息需要融合客观信息和主观信息，才能确保评价结果的科学性和合理性（任春华、孙林夫，2019）。国家质量技术基础和产业质量评价指标体系的构建过程基本可以分为四个步骤：

1. 初始评价指标体系的构建

国家质量技术基础和产业质量指标体系的构建需要基本理论和相关研究作为支撑，理论支撑是为了确保评价指标体系是建立在完备的理论研究基础之上，从而形成系统性。相关研究的参考，确保指标项的来源不是凭空臆想，有相关的研究进行了实证，具备了可操作性。为此，本书以产业集群理论、质量管理理论等理论为基础，采用文献调研法分析国内外学者国家质量技术基础和产业质量统计指标以及分析方法，归纳梳理后形成初步的国家质量技术基础和产业质量评价指标体系。

2. 国家质量技术基础和产业质量评价指标项的筛选

评价指标存在联系，同时要保持独立，国家质量基础和产业质量评价指标之间通常存在信息重叠，所选择指标虽然已经经过实证或者理论研究，表明其具有代表性，但所选指标可能与评价目标所需信息存在较大差异，评价指标和评价目标的相关性和联系性需要进一步验证，为此，为消除评价指标中的冗余信息，简化国家质量技术基础和产业质量的评价过程，并提高评价的科学性，在确保国家质量技术基础和产业质量指标体系全面性的前提下进行指标筛选，获得具有代表性的指标。本书采取粗糙集法进行指标的属性简约计算，删除信息冗余的国家质量技术基础和产业质量评价指标项。

3. 国家质量技术基础和产业质量评价指标权重的确定

不同子系统对于总系统的重要程度不同，子系统指标权重信息能够区分指标项对于评价目标的重要性程度。指标权重的确定方法目前客观权重和主观权重融合的方法是主流。本书采用粗糙层次分析法和熵权法分别确定主观权重和客观权重，然后获取国家质量技术基础和产业质量评价指标项的组合权重。

4. 确定国家质量技术基础和产业质量评价指标体系

根据指标简约筛选结果和权重信息确定国家质量技术基础和产业质量的评价指标体系，为后续研究做好基础。

（三）指标体系的选取及内涵

1. 我国质量技术基础评价指标体系

在区域社会经济发展过程中，国家质量技术基础在产业领域的应用，为产业价值链提供标准、检验检测和认证认可服务，一方面可以优化营商环境，另一方面通过企业综合作用于产业整个价值链，共同支撑国家产业质量发展。目前关于国家质量技术基础评价指标体系的研究鲜有报道，仅有涉及制造业企业质量技术基础的评价指标，例如，李卫红（2011）、毛帅（2013）、刘舒林和欧光军（2020）等学者提出从标准化能力、检验检测能力、认证认可能力、基础投入及员工素质五个方面开展企业质量技术能力评价，这些文献研究所提指标大部分参照了国家质检系统报刊、国家质检总局发布的问卷内容。本书需要测评的是宏观层面的质量技术基础，并非企业层面，上述研究可提供的参考价值有限。在宏观层面评价国家技术质量基础成为热点后，德国联邦物理技术研究院（2011）构建了名为国家质量基础建设/国际质量基础建设（quality infrastructure/population，QI/POP）的复合评价指标，反映了质量基础设施的国内建设水平与国际建设水平两个维度的发展状况。马中东（2020）提出选取地区标准研制贡献指数、规模以上检验检测机构数、出入境货物检验检疫货值、出入境货物检验检疫批次、质量管理体系认证率作为国家质量基础的代理变量。张豪和蒋家东（2020）提出从制度特征和技术特征两个维度测评国家质量技术基础发展水平，一共选取了10项指标作为测量指标项，其研究主要是对比不同国家质量技术基础发展水平对于经济增长的促进作用。黄梦蝶和夏唐斌等（2020）基于国家质量技术基础要素构建了由投入性、产出性和结构性组成的三个维度及其对应的13个测量指标组成的国家质量技术基础评价指标体系。

国家质量技术基础涉及计量、检验检测、标准和认证认可四个方面，这四个方面相互联系，共同组成了国家质量技术基础系统。结合权威数据发布的情况来看，本书在对比和分析马中东（2020）、张豪和蒋家东（2020）、黄梦蝶和夏唐斌等（2020）研究的基础上，提出以黄梦蝶和夏唐斌等（2020）的研究为基础，融入马中东（2020）、张豪和蒋家东（2020）提出的指标项，从国家质量技术基础投入性、产出性和结构性三个维度来选择去构建指标体系。在融合马中东（2020）、张豪和蒋家东（2020）研究所提指标选取过程中，结合实际情况，根据数据易得性、可比性和权威性等原则，共选取了14项指标，构建了国家质量技术基础评价指标体系（见表3-2）。

表3-2　国家质量技术基础评价指标体系

一级指标	二级指标	三级指标	类别	编码
国家质量技术基础（*NQI*）	国家质量技术基础投入性指标（*IN*）	标准计量、特种设备和质量监督固定资产总值（亿元）	正向	*IN*1
		检验检测仪器设备资产原值（亿元）	正向	*IN*2
		法定计量检定技术机构数（个）	正向	*IN*3
		强制检定计量器具数量（万台）	正向	*IN*4
		检验检测机构数量（个）	正向	*IN*5

续表

一级指标	二级指标	三级指标	类别	编码
国家质量技术基础（*NQI*）	国家质量技术基础投入性指标（*IN*）	产品质量、体系和服务认证机构数量（个）	正向	*IN*6
		标准计量质量监督年末职工人数（人）	正向	*IN*7
	国家质量技术基础产出性指标（*OUT*）	出具检验检测报告数量（万份）	正向	*OUT*1
		颁布认证认可书数量（份）	正向	*OUT*2
		完成国际互认的校准测量能力（个）	正向	*OUT*3
		完成产品认证的企业数量（个）	正向	*OUT*4
		本年度制度与修订国家标准数量（个）	正向	*OUT*5
		出入境货物检验检疫货值（万元）	正向	*OUT*6
		出入境货物检验检疫批次（次）	正向	*OUT*7
		省级及以上质量强市荣誉获得增加数（个）	正向	*OUT*8
	国家质量技术基础结构性指标（*CON*）	检验检测市场规模（亿元）	正向	*CON*1
		国家级质检中心数量（个）	正向	*CON*2
		第三方检验检测机构市场规模占比（%）	正向	*CON*3

资料来源：①中国国家认证认可监督管理委员会；②全国检验检测服务业统计简报；③中华人民共和国国民经济和社会发展统计公报；④全国认证认可信息公共服务平台；⑤中国计量科学研究院。

表3-2中国家质量技术基础投入性指标拟从7个方面进行测量，包含标准计量、特种设备和质量监督固定资产总值、检验检测仪器设备资产原值、法定计量检定技术机构数、强制检定计量器具数量、检验检测机构数量等指标，这些指标的内涵主要是分析了国家质量技术基础的固定资产、仪器设备、机构建设和人员等方面的投入，能够衡量国家在质量基础建设方面的总体投入情况；国家质量技术基础产出性指标主要从8个方面进行测量，包含出具检验检测报告数量、颁布认证认可书数量、完成产品认证的企业数量等指标，主要是测量计量、标准、认证认可和检验检测的服务性产出，衡量国家质量技术服务能力；国家质量技术基础结构性指标主要从三个方面进行度量，包含检验检测市场规模、国家级质检中心数量、第三方检验检测机构市

场规模占比，其内涵主要是当前我国计量、标准、认证认可和检验检测的市场整体结构情况。从国家质量技术基础投入、产出、结构三个方面评价我国国家质量基础发展水平，兼顾了计量、标准、认证认可和检验检测整体的发展情况。

按照数据可得性的要求，以表 3－2 中指标体系为基础进行实证分析，部分数据的部分年份缺失，无法获得，使用支持向量机方法进行了缺失值填补处理，从而确保数据的完整，使得计量分析可以开展。

2. 产业集群质量评价指标体系

产业质量也会给国家质量技术基础发展带来影响，一个国家的产业质量越高，在全球价值链中的地位越高，在全球竞争中能够获得更多的话语权，企业更加愿意参与国家质量技术基础建设和创新，加大国家质量技术基础建设和创新，包括积极参与国际国内标准制定、计量体系和质量管理体系建设等，从而获得更大的竞争优势和收益。在产业质量的测评研究中，目前还处于初步发展阶段，虽然温志宏（2004）提出，第三产业质量可以从数量、结构、质量与效益、效率、发展潜力等六个方面来说明和评判其发展质量，但是没有建立详细的指标体系，之后有很多学者提出了不同产业发展测评体系，例如杨建华和卢波（2005）提出的电子产业质量评价指标体系、刘翀（2006）提出了制造业产业评价指标体系；张毅（2007）等提出了创意产业评价指标体系；刘义成（2009）基于规模与效率、结构与体系、潜力和可持续发展四个维度提出了区域产业发展质量评价指标体系。显然，上述研究都对如何评价产业发展状况或质量作出很大贡献，但上述指标体系与产业质量内在本质之间的关联性不强，侧重点并不在产业质量，特别是随着质量概念的不断发展，所提评价指标体系需要进一步完善。近年，黄梦蝶和夏唐斌等（2020）等基于技术复杂度、出口额等参数提出了出口产品质量的测评方法；马永军和芮强（2019）给出了基于全要素生产率的战略性新兴产业发展质量测评指标体系及模型；朱锦强和杨宗峰（2020）提出了区域产业发展质量的测评指标体系，包含创新、协调、绿色、开放、共享五个维度，一共13个指标；苗峻玮和冯华（2020）提出的区域高质量发展评价体系中，涉及产业层面质量，主要是从结构优化、产业创新和产业环节三个维度进行测评；马中东（2020）基于全球价值链视角，从研发设计、生产制造和品牌营销三个维度选取指标，一共选取了17个指标。现有测评指标体系都为产业质量评价研究做出了重要贡献，然而，从全球价值链分工来看，在研发设计和品牌营销环节属于高附加值环节，生产制造处于价值链微笑曲线的低端，因此，研究产业质量需要涉及不同的生产加工环节，产业所在不同环节谋取利润的能力反映了产业的竞争能力，体现其产业整体质量状况。因此，本书参照马中东（2020）的研究，按照全球价值链分工，分为研发设计、生产制造和品牌营销三个环节构建产业质量测评体系，具体如表3-3所示。

表3-3　　产业质量评价指标体系

一级指标	二级指标	三级指标	类别	编码
产业质量（*INQ*）	研发设计（*RD*）	规模以上工业企业R&D经费投入占比（%）	正向	*RD*1
		规模以上工业企业R&D项目数（个）	正向	*RD*2
		规模以上工业企业R&D人员折合全时当量（人年）	正向	*RD*3
		技术市场成交额（万亿元）	正向	*RD*4
		规模以上工业企业引进境外技术经费（亿元）	负向	*RD*5
		规模以上工业企业拥有发明专利数（件）	正向	*RD*6
	生产制造（*PM*）	质量损失率（%）	负向	*PM*1
		产品质量优等品率（%）	正向	*PM*2
		产品质量国家监督抽查不合格率（%）	负向	*PM*3
		出境货物检验检疫不合格货值（亿美元）	负向	*PM*4
		规模以上工业单位增加值能耗同比下降比重（%）	正向	*PM*5
		全年全员劳动生产率（万元/人）	正向	*PM*6

续表

一级指标	二级指标	三级指标	类别	编码
产业质量（*INQ*）	品牌营销（*BM*）	国家级质量奖企业数量（个）	正向	*BM*1
		入选世界500强企业数量（个）	正向	*BM*2
		规模以上工业企业新产品销售收入占比（%）	正向	*BM*3
		出口额占进出口总额比重（%）	正向	*BM*4
		规模以上工业新产品产值率（%）	正向	*BM*5

资料来源：①中国及各省市统计年鉴；②中国工业统计年鉴；③中国科技统计年鉴；④国家市场监督局网站。

表3－3中产业质量评价指标体系分为研发设计、生产制造和品牌营销三个维度。研究设计选取了R&D经费占地区国民经济总产值比重、R&D项目数、企业R&D人员折合全时当量和技术引进经费支出、发明专利数等；生产制造选取了质量损失率、产品质量优等品率、产品质量国家监督抽查不合格产品批次、出境货物检验检疫不合格货值、单位工业增加值能耗下降、全员劳动生产率六项指标；品牌营销选取了国家级质量奖企业数量、入选世界500强企业数量、规模以上工业企业新产品销售收入占比、出口额占进出口总额比重、规模以上工业新产品产值率五项指标。

按照数据可得性的要求，以表3－3中指标体系为基础进行实证分析，部分数据的部分年份缺失，无法获得，使用支持向量机方法进行了缺失值填补处理。

二、产业集群质量升级实证模型设计

（一）模型设计

本书在马中东（2020）和黄梦蝶和夏唐斌等（2020）所提模型的

基础上、构建了质量技术基础影响产业质量的理论模型，如式（3－1）所示。

$$INQ_{i,t} = \alpha + \gamma_i NQI_{i,t} + \sum_{j=1}^{n} \beta_j X_{i,t} + u_i + \delta_t + \varepsilon_{i,t} \tag{3-1}$$

其中，α 为常数项，INQ 表示产业质量指数，X 为控制变量，NQI 表示国家质量技术基础；NQI_i 表示地区，j 表示控制变量的个数，t 为年份，u_i，δ_t 表示分别控制地区和时间效应，ε 表示白噪声。

（二）变量选择及说明

1. 被解释变量和解释变量

被解释变量：产业质量作为被解释变量，产业质量利用表3－3中的数据测量获得，在测算过程中首先对变量进行正向化处理和标准化处理，一方面消除量纲影响，另一方面使得所有的指标都处于同一作用方向。

解释变量：在前期研究的基础上提出了质量技术基础评价指标体系，如表3－2所示。本章按照粗糙层次分析法确定各个子层次评价指标的权重及其与更高层次评价指标之间的逻辑关系，并融合熵权法获得各层级指标的客观权重，最后获得国家质量技术基础的综合评价。

2. 控制变量

参考马中东（2020）和黄梦蝶和夏唐斌等（2020）等学者的研究，选取以下对产业质量有重要影响的变量作为控制变量：①选取人均GDP作为地区经济发展水平（*GE*）的代理变量；②选取地方财政支出占当地GDP比重，该指标代表政府干预度（*GI*）；③选取高新技术产业产值占GDP比重，该指标作为产业结构高级化水平（*IS*）；④选取大专以上人口占地区人口的比重，该指标能够反映区域人力资本（*HC*）代理变量；⑤选取各省份实际使用外商直接投资额度，该指标表示地区对外开放水平（*OP*）。

各变量定义如表3－4所示。

表 3-4 变量定义

变量类型	变量名称	符号	定义与计算说明
被解释变量	产业质量	*INQ*	产业质量指数
解释变量	国家质量技术基础	*NQI*	国家质量技术基础指数
	国家质量技术基础投入性指标	*IN*	国家质量技术基础投入特征
	国家质量技术基础产出指标	*OUT*	国家质量技术基础产出特征
	国家质量技术基础结构性指标	*CON*	国家质量技术基础结构特征
控制变量	人均 GDP	*GE*	各省市人均 GDP
	地方财政支出占当地 GDP 比重	*GI*	财政支出/区域 GDP
	高新技术产业产值占 GDP 比重	*IS*	高新技术产业产值/区域 GDP
	大专以上人口占地区人口的比重	*HC*	大专以上人口/区域总人口
	各省份实际使用外商直接投资额度	*OP*	实际使用外商直接投资额度

（三）数据来源及处理

（1）归一化处理。为了消除 *NQI* 和 *INQ* 评价指标量纲差异的影响，采用功效函数对指标进行标准化处理，公式如式（3-2）所示：

$$u_i = \begin{cases} (x_i - x_{\min})/(x_{\max} - x_{\min}) \\ (x_{\max} - x_i)/(x_{\max} - x_{\min}) \end{cases} \tag{3-2}$$

$$U_A(u_j) = \sum_{i=1}^{n} \lambda_i u_i \tag{3-3}$$

式（3-2）中序参量 u_i，表示变量 x_i 对系统的贡献大小，$i=1, 2, \cdots, n$。$x_{\max}$ 和 $x_{\min}$ 是为 *NQI* 和 *INQ* 两系统稳定临界点上的序参量的上、下限值；式（3-3）中 U_A 为 *NQI* 和 *INQ* 两个子系统对总系统的总序参量；λ_i 为各个序参量的权重，$\sum_{i=1}^{n} \lambda_i = 1$，$\lambda_i \geq 0$；$A$ 为总系统稳定区域。

（2）共线性处理。为避免控制变量中明显有变量与解释变量之间可能存在多重共线性的问题，本书使用方差膨胀因子（VIF）进行分析，结果显示VIF平均系数为2.95，小于5，说明系数之间共线性的可能性比较小。

（3）数据来源。国家质量技术基础、产业质量评价指标数据来源于中国及各省市统计年鉴、中国工业统计年鉴、中国科技统计年鉴、国家市场监督局网站等。

三、产业集群质量升级模型实证结果分析

（一）国家质量技术基础和产业质量的综合得分分析

对标准化数据利用式（3－3）计算出 *NQI* 和 *INQ* 的综合分值（见表3－5），受限于篇幅，本书主要列出长三角区域2009～2019年的计算结果。

表3－5　　三省一市 *NQI* 和 *INQ* 的综合得分

年份	上海市		浙江省		江苏省		安徽省	
	NQI	*INQ*	*NQI*	*INQ*	*NQI*	*INQ*	*NQI*	*INQ*
2009	0.301	0.382	0.258	0.372	0.244	0.378	0.234	0.367
2010	0.305	0.394	0.267	0.380	0.274	0.384	0.257	0.374
2011	0.324	0.402	0.294	0.395	0.305	0.392	0.301	0.402
2012	0.336	0.405	0.305	0.400	0.321	0.397	0.306	0.398
2013	0.372	0.421	0.327	0.415	0.331	0.415	0.324	0.406
2014	0.381	0.423	0.334	0.420	0.352	0.417	0.328	0.409
2015	0.404	0.436	0.365	0.423	0.361	0.425	0.332	0.423
2016	0.426	0.442	0.372	0.426	0.380	0.430	0.321	0.422
2017	0.457	0.445	0.386	0.432	0.392	0.436	0.358	0.434

续表

年份	上海市		浙江省		江苏省		安徽省	
	NQI	*INQ*	*NQI*	*INQ*	*NQI*	*INQ*	*NQI*	*INQ*
2018	0. 469	0. 468	0. 404	0. 457	0. 411	0. 460	0. 356	0. 430
2019	0. 484	0. 497	0. 421	0. 474	0. 423	0. 483	0. 401	0. 442

（二）基本回归结果分析

首先，采用2009～2019年中国30个省份（不含西藏和港澳台地区）面板数据进行基准回归。在实证中，本章采用最小二乘法（OLS）进行回归分析，借助Stata14统计软件，通过豪斯曼（Hausman）检验后，选取固定效应和时间固定效应（控制了年份和地区）来估计和分析 *NQI* 对 *INQ* 的作用效果（见表3－6）。

表3－6　　基准回归

变量	固定效应模型			
	(1)	(2)	(3)	(4)
NQI	0. 187 ** (0. 087)			
IN		0. 127 ** (0. 108)		
OUT			0. 235 ** (0. 023)	
CON				0. 123 *** (0. 057)
控制变量	控制	控制	控制	控制
调整后 R^2	0. 927	0. 964	0. 893	0. 913
F 的 P 值	0. 078	0. 057	0. 061	0. 000
观察值	30	30	30	30

注：括号中为标准误，** 和 *** 分别代表在5%和1%的显著性水平下显著。

从表3-6可知，*NQI*对*INQ*具有显著的正向作用，并且均在10%的置信水平下显著。当国家质量技术基础每提高1个百分点，产业质量将提升0.187个百分点；分别考虑*IN*、*OUT*和*CON*对于*INQ*的影响，显然*IN*、*OUT*和*CON*对于*INQ*都具有正向影响，并且均在10%的置信水平下显著，其中*OUT*影响最大，系数为0.235。由此可知，2009~2019年，*NQI*产出特征对产业质量的影响最大，其中最小是*NQI*结构特征，影响系数是0.123。

经济越发达的地区可能在长时间内的发展过程中积累了质量技术基础发展所需要的人才、平台和环境要素，与产业发展存在相互促进的因果关系。可见，不同区域产业集聚的特征不同，产业集群质量也不相同，会因此形成一定的差异性，按照东部、中部和西部区域进行划分，回归结果如表3-7所示。

从中部、东部和西部的检验结果来看，*NQI*对于产业质量的提升都有正向影响作用，但是东西部的影响作用明显不同，显然，东部的影响最大。这主要是由于东部地区的产业集群密集，消费市场对于质量偏好更强，*NQI*机构、要素、技术人员更齐全，产业发展质量要求更高。从整体来看，*NQI*的投入特征、产出特征和结构特征对东部地区和中部地区的影响比西部地区要大，并且产出特征大于投入特征的影响。

其次，为进一步验证上述实证结论的稳健性，为了克服*NQI*与产业集群质量之间存在内生性，利用工具变量（*IV*）方法应用实证模型。由于*NQI*是合成指标，在表3-7的第（2）~（4）列，依次加入*GE*、*GI*、*IS*、*HC*和*OP*作为控制变量，从而消除影响。从表3-8中可知，在两类方法下各系数与显著性均和上述分析基本一致，并且，过度识别检验均通过，认为工具变量外生，与扰动项不相关。另外弱工具变量检验也通过，P值在1%显著性水平下均显著，拒绝“存在弱工具变量”的原假设。Wald外生性检验结果也显著，这充分说明了本模型的计量结果是稳健和可靠的。

表 3－7　分区域的估计回归结果

变量	固定效应模型											
	东部				中部				西部			
	(1)	(2)	(3)	(4)	(1)	(2)	(3)	(4)	(1)	(2)	(3)	(4)
NQI	0.127*** (0.034)				0.109** (0.105)				0.086** (0.024)			
IN		0.176*** (0.023)				0.104*** (0.093)				0.058** (0.098)		
OUT			0.355*** (0.056)				0.183*** (0.124)				0.097** (0.154)	
CON				0.267*** (0.072)				0.125*** (0.026)				0.102*** (0.092)
控制变量	控制	控制	控制	控制	控制	控制	控制	控制	控制	控制	控制	控制
调整后 R^2	0.902	0.914	0.864	0.887	0.927	0.897	0.907	0.887	0.887	0.845	0.901	0.875
F 的 P 值	0.000	0.000	0.000	0.000	0.071	0.002	0.000	0.001	0.081	0.064	0.061	0.000
观察值	14	14	14	14	5	5	5	5	11	11	11	11

注：括号中为标准误，** 和 *** 分别代表在 5% 和 1% 的显性水平下显著。

表 3-8　　稳健性检验

变量	(1)	(2)	(3)	(4)
NQI	0.235*** (0.087)			
IN		0.042*** (0.036)		
OUT			0.027*** (0.105)	
CON				0.149*** (0.024)
控制变量	控制	控制	控制	控制
过度识别检验的 P 值	0.101	0.152	0.105	0.112
弱工具变量	0.000	0.000	0.000	0.000
（伍德）的 P 值	0.000	0.000	0.000	0.000
F 的 P 值	0.000	0.000	0.000	0.000
观察值	30	30	30	30

注：括号中为标准误，** 和 *** 分别代表在 5% 和 1% 的显性水平下显著。

从实证结果可知，国家质量技术基础的提升，可以充分发挥计量、标准、认证认可和检验检测效用：提高计量测试技术的高端化和专业化，不仅能够为产业集群在产业研发设计端提供技术支持，还能为产业集群的产品高端化、智能化制造提供精准数据支持；加强产业集群标准化研制，能够促进产业集群多主体共同协作，从而引领产业集群主体共同提升工艺、产品标准，研发团体标准和国际标准，提升产业集群整体协同能力和国际话语权，为中国产业集群品牌和形象的提升提供关键助力。建设面向产业集群的高水平检验检测公共服务平台，可以帮助集群企业更好地进入国际市场，特别是“一带一路”沿线国家市场和亚太区域市场，为我国产业集群在逆全球化背景的国际化发展提供重要支持。完善认证认可法律法规，加强我国认证认可与国际认证认可的对接和互认，并进一步提高认证认可国际化水平，为集群企业进入国际市场减少认证障碍和壁垒，进一步畅通我国产业集群的国际化道路，有利于我国产业集群更好地嵌入全球价值链，逐步延伸到全球价值链两端，实现产业集群升级的战略目标。

综合来看，国家质量技术基础设施的完善，能力再提升，将进一步提升制造业产业集群的工艺质量、产品质量，并为其研发设计、技术创新、集群品牌塑造和营销模式创新提供基础平台，强化以质量为核心的国家质量基础技术支撑，能够促进产业集群质量升级，助力我国产业集群向“微笑曲线”两端的高附加值环节攀升。政府部门应该加强质量基础顶层设计，配合国家重大战略部署，通盘一体化规划和布局建设，统筹产业发展和产业质量基础设施能力建设，积极投入创新资源研发国家质量技术基础，优化国家质量技术基础的结构，为产业集聚区和区域经济发展提供“标准—计量—检验检测—认证认可”全链条的协同服务，发挥国家质量技术对产业集群质量升级的正向作用，从而更好地应对双循环发展新格局面临的困境，为下一个经济全球化周期的国内市场和国际市场循环的畅通奠定坚实的基础。

第四章 企业网络视角下我国产业集群质量升级路径研究

第一节 多元主体协同创新知识共享的矛盾与冲突

一、利益相关主体及其关系

（一）地方政府部门

在产业集群发展过程中，地方政府制定和实施产业集群政策的时候要明确政府的非主导性，构建服务型政府。地方政府主要作为推动者的角色间接参与到产业集群的形成和发展过程中，在宏观上制定产业规划、产业布局、产业结构，构建科学的产业发展导向，培育制度创新的环境，而具体通过建立非官方的服务机构来代替地方政府实现目标。具体来讲，地方政府部门在产业集群的形成和发展过程中通常扮演推动者的角色，在宏观上制定产业规划、产业布局和产业结构，通过主动扶持和被动扶持的方式驱动地方经济的发展；在微观服务上，地方政府部门通过非官方的服务机构来代替地方政府实现目标。

（二）集群企业

产业集群规模较大时，通常拥有核心企业，其在产业集群中处于主导地位；产业集群规模较小时，多是由中小企业组建而成，产业集群整体竞争力通常较弱。无论产业集群规范的大小，集群企业是产业集群的构成单元。集群企业一般被分为核心企业和配套企业，核心企业在产业集群最终扮演主导者角色，相对于配套企业，其能够影响产业集群的计量、标准、检验检测和认证认可体系的建立，不仅企业规模大，而且具有很强的资源吸收、整合和消化能力，能够通过知识共享和价值链整合来巩固自身地位、提升竞争优势。产业企业中核心企业的配套企业产生方式有被动、主动和间接合作三种方式。核心企业为了提升自身产品的竞争力，确保经营战略目标的实现，会根据自身需要选择配套企业，由于其具有强大的优势，在供应标准和质量方面有较高的要求，一般企业难以进入核心企业供应链，被选中的配套企业需要根据核心企业标准和要求供应产品和服务。配套企业为了更好的市场前景和利润，通常会主动接触核心企业，并按照核心企业的要求提供产品和服务，这种属于主动合作。核心企业和配套企业以共同客户或中介为基础，进行集群内产学研合作，这种方式属于间接合作方式。从企业协作网络结构来看，核心企业与配套企业的联系越紧密，双方之间的资源越容易交互，从而有助于整个产业集群的升级发展。

（三）金融机构

传统的金融理论普遍将金融看作是资金的接待活动或融通行为，现代金融理论认为金融机构是通过货币、存款、贷款、金银、外汇、有价证券、保险、信托等产品或工具提供金融服务与金融支持以满足客户金融需求的相关机构，通常有银行、信贷公司和融资租赁公司等。金融支持是指集群企业为了实现一定的发展目标，金融机构予以包括货币、存款、贷款、金银、外汇、有价证券、保险、信托等各种形式支持集群发展。金融机构为产业集群的创建、成长和成熟提供了基本保障，产业集群升级发展离不开金融机构的参与与支持。产业集群在不同的生命周期阶段其需要的资金支持存在一定的差异性，产业集群在不同生命周期阶段的金融需求具体如表4－1所示。

表4－1　　产业集群生命周期中的金融需求分析

指标	初创期	成长期	成熟期	衰退期
资金需求作用	起步资金与前期投入	规模与范围扩张	调整与优化	升级与转型
资金需求期限	长期投资	长期投资	中长期投资	中长期＋短期投资
金融服务产品的需求特征	要求不高，需求单一	信贷产品结构	个性化、多元化金融服务	多元化金融服务
金融数量需求	高需求	需求度降低	低需求	高需求
金融服务成本	低关注	关注度提高	高关注	关注度降低
金融供给效率	低需求	需求程度提高	高需求	需求程度降低

新发展格局下，协同创新是产业集群实现升级的重要路径。金融服务参与产业集群协同创新的最直接方式是资金支持，一方面，资金的投入能够为集群创新提供更高效的基础设施配置，提高生产效率；另一方面，资金的投入能够为集群协同创新招募优秀的人力资源和先进的技术，形成产业集群协同创新的有效保障。产业集群协同创新的金融支持体系是在有效的政府引导下建立而成。产业集群的协同创新受到了来自政策性金融的支持，与借助于金融机构的间接借贷融资和资本市场的直接融资一同构成了产业集群协同创新的金融支持体系，包含政策性金融、金融市场和金融机构三个层次，产业集群协同创新的金融支持体系如图4－1所示。

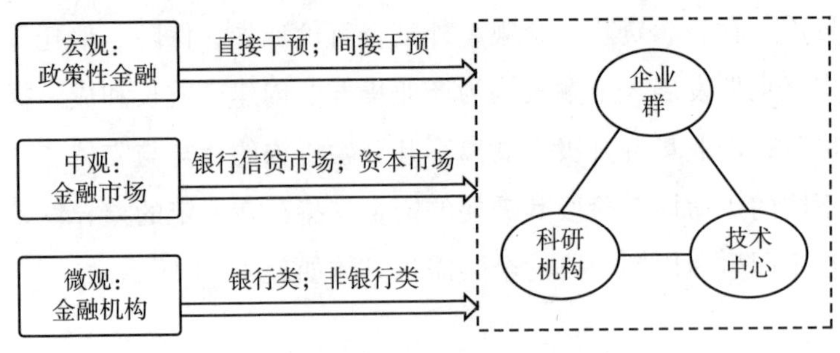

图 4-1 产业集群协同创新的金融支持体系

资料来源：张媚．产业集群协同创新的金融支持效率研究［D］．湖北：武汉理工大学，2016.

（四）中介机构

中介机构通常又被称为中介服务组织，是产业集群的重要组成部分。一个成熟的产业集群离不开配套齐全的中介机构。中介机构能够为集群企业提供专业的行业发展咨询、会计、法律等方面的服务，营利性中介机构主要向集群内企业提供有偿的、专业化的服务。中介服务组织主要是指产业集群合作创新提供生产性服务的各种中介组织。这种组织提供的中间服务在商品或其他服务产品生产过程中发挥作用，是为进一步生产或生产最终消费品的企业所提供的中间性服务投入。中介服务组织兼具市场的灵活性与服务性两方面的特点，不仅可有效协调与规范企业的行为，促进资源的合理配置，而且能帮助政府部门激活市场资源，增加知识含量，特别是在技术创新与技术孵化方面发挥重要的催化剂和知识整合作用。中介服务组织在产业集群发展升级中主要完成以资金融通、信用担保、技术支持、管理咨询、信息服务、市场开拓和人才培训为主要内容的服务工作。中介服务机构在知识共享中发挥重要作用，能够为企业在合作合同签订、矛盾协调和法律咨询等方面提供专业服务。知识共享是集群企业双向选择的过程，中介机构在知识共享中处于中立地位，具有相关服务方面专业特长，能够为知识共享主体双方提供良好的评价、咨询、谈判等方面的软环境，能够帮助双方有效的规避知识共享中的溢出风险，并且减少信息不对称，从而强化知识共享协同效益，起到桥梁作用（如图4－2所示）。

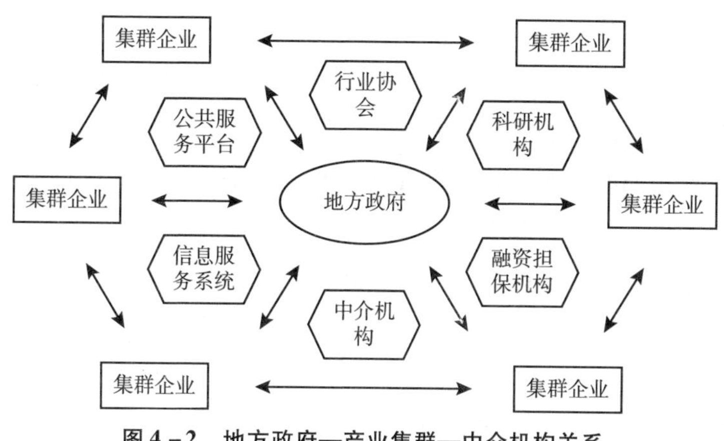

图4－2　地方政府—产业集群—中介机构关系

资料来源：张晓华．基于产业集群的地方政府及中介机构行为研究——以“澄海玩具”产业集群为例［J］．现代经济信息，2014（8）：160－161.

（五）高校和科研机构

我国政府建立了庞大的教育体系，为经济社会建设提供了重要的人才保障。在人才培育中，除了高职类教育，在高端研发领域，我国创新型人才主要集中在高校和科研机构。高校和科研机构中具有丰富的科研资源，包括国家建设的实验室平台、科研平台，数量庞大的大学生、研究生和博士生，这些实验室平台和人才资源能够为企业的研发设计提供技术服务和支持，从而降低企业的人才培育成本。产业集群创新发展是畅通国内外经济发展的关键，而高校和科研机构通常关注于理论研究，对于企业生产应用关注不够，而企业没有充足的创新人才解决发展中面临的核心技术研发和应用问题，通常需要与高校和科研机构合作，发挥双方的优势，从而开展合作，最终带动产业集群升级发展。

（六）行业协会

行业协会是非营利性社会组织，在政府、行业和企业之间发挥参谋、桥梁、纽带作用。行业协会能把分散的企业集合起来，综合企业的整体利益，并将它通过合法渠道传递给政府。行业协同根据集群企业经营内容的不同，会被归纳到不同的行业协会，有些集群企业属于经营交叉行业的企业，同时被划分到多个行业。行业协同通常是由于经营内容相似的企业连接、整合到一起，从单个企业变成行业群体，行业协同由于能够和政府部门保持有效的沟通，且集群企业十分重视其在行业内的声誉，因此，行业协会通常能够弥补政府部门生产监督的空白，利用更加专业和全面的信息实现对集群企业的监管。

二、利益相关主体间的矛盾与冲突

（一）集群企业间的矛盾与冲突

在知识经济时代，创新是产业集群面对全局经济一体化竞争生存、发展和升级的必然选择。产业集群企业的创新活动不仅需要内部资源，更需要合作伙伴的共享性资源，难以依赖自身知识储备和创新资源取得创新成功，知识共享是创新成功的根本保证。异质性企业知识共享行为是产业集群能够突破低端锁定的关键活动，是国内外学术界探讨的焦点。

产业集群内组织间关系的异质性组成了纵横交错的集群网络，集群网络中不同主体之间的知识势差错综复杂，集群企业的知识和创新资源具有流动的内在和交互需求。目前我国产业集群的合作关系是建立在非严格契约关系下，集群企业在信任的空间上具有很大的错位，知识共享主体之间信任程度不高，普遍存在集群内知识交流匮乏、信息扩散速度慢、知识共享效率低的问题。

（二）集群企业内部员工之间的矛盾与冲突

集群企业内部员工作为有限理性人，总是期待自身能够在集群内部获得更好的薪酬待遇和地位，为此，员工十分重视自身的工作投入和产出，希望能够得到公平待遇。很多员工在长期工作中积累了丰富的经验和知识，有很多隐性的技巧和诀窍能够帮助其工作更加具有效率，从而在员工内部竞争中获得更高的薪酬待遇和地位，为此，企业员工基于自身利益最大化，不愿意将这些经验和诀窍大范围地传授给其他人，使其经验和知识显性化，而一般工人也期待尽快获得晋升机会，获得更高待遇，总是希望能够获得这些知识、诀窍和技巧。企业总是期待这些经验和诀窍能够显性化，成为企业共性知识，从而提升企业组织整体的运行效率和质量，为此，需要制定激励机制引导员工显性化其隐性知识。在企业激励下，员工共享其隐性知识能够获得更多的薪酬待遇、福利和地位，但又面临知识显性化后其他员工快速成长带来的威胁，为此，员工共享知识会比较保守，同时又期待能够吸收他人隐性知识，从而不断提升自身在企业内部的竞争力，保持自身在企业的地位。企业中隐性知识拥有者都会基于自身利益进行考量，并确定知识共享策略。

（三）集群企业与学研方之间的矛盾与冲突

集群企业依赖内部知识资源难以实现创新发展，需要加强内部和外部知识资源的交流，才能有效地实现创新。集群企业在与学研方进行合作创新过程中，其作为主要研发成本的承担者，总是期待以较低的研发成本获取研发方的知识，但正是由于创新获得价值难以度量，集群企业总是认为投入了过高的研发经费，而学研方认为对方支付的研发经费不足，在创新活动中容易出现消极情绪，双方协同合作过程中总是存在矛盾。集群企业与学研方合作，往往是通过合同购买的方式获取最终的知识产权，当知识转化为应用时，学研方无法分得产业化后的利润，为此，学研方对于这种利润分配机制不满，为了确保自身利益，其会对自身知识的市场价值进行估计，然后在合作过程中要求企业提供超高的研发经费作为保障，而企业方对于研发是否能够成功及其成功后的市场价值判断存在不确定性，企业方为此要承担巨大的创新风险，使得企业在协同创新过程中的研发积极性受阻，研发成本投入也会因此受到影响。

三、利益相关主体间博弈及其特征

关于创新理论最先由熊彼特提出，随后很多学者就技术创新和产品创新进行了研究，开展技术创新的代表人物有弗里曼、罗杰斯、傅家骥等，这些学者都为技术创新研究做出了巨大贡献，推动了整个技术创新理论的发展与进步。“企业技术能力得到一定提升后进行技术协同创新是最佳选择”是技术创新研究者们的共识。当前集群企业不仅需要应对逆全球化带来的供应链断裂挑战，还需要面对国内经济增速放缓的现实困难，协同创新是集群企业面对国内外市场变化的关键所在。

（一）协同创新中的知识共享

协同理论是由德国物理学家物理学家哈肯（Haken）于20世纪70年代提出的。该理论强调协同效应，特指复杂系统内由于各子系统之间的协同而产生超出各要素单独作用的效果，从而形成整个系统的联合行为。企业协同创新是指企业与企业之间围绕知识和技术创新开展深度合作，建立创新战略联盟。联盟成员为了共同目标，积极共享知识资源，共担市场风险，并取得根本性、实质性创新产出的过程。企业知识共享的整个系统是一个复杂适应系统，包括企业内部和企业外部系统。企业外部知识共享系统可分为跨企业间的知识共享和企业与客户之间的知识共享两类。在协同战略创新中，更多是企业间在互惠互利的合作模式下，通过合同、协议、信用等方式，实现知识在一定的范围内流动和使用。因此，在协同创新战略中，更多的是跨企业间的企业外部知识共享。企业选择协同创新战略伙伴可以是业务的上下游合作企业，或者是不同类型的企业，甚至是竞争性企业。无论战略伙伴是何种类型，企业之间都是为了共同的利益目标，才开展跨企业的知识共享。协同企业虽然在合作和博弈过程中能够在一定程度上了解协同企业方有关知识共享的战略空间、策略和期望的信息，但企业同社会人一样，也会受风险意识、价值感知等有限理性的影响，从而各协同主体对知识共享的损失和收益的认知水平不一，从而对知识共享价值的感知具有模糊性和不确定性；同时，企业会将“收益大于成本”作为其参与知识共享的理性选择，从而易导致“囚徒困境”。因此，协同企业对知识共享的策略选择存在有限理性、不确定性和模糊性等的特征。因此，企业与企业之间知识共享策略选择是在不完全信息下的多阶段动态博弈过程。

（二）协同创新中知识共享的博弈特征

在知识经济时代，少有企业能够单独依靠自我创新，从而获得满足企业发展、市场竞争的知识需求。企业加入协同创新组织的主要目的是为了获得独自创新所无法获得的知识创新资源和技术，进而在市场竞争中以最小的创新成本，获得最大的知识创新利益。由于企业的有限理性和企业间的知识多维异质性以及知识共享过程中信息的非对称性，企业协同创新中的知识共享过程可以被视为是在一个信息不对称的、有限理性和不确定性的博弈系统中进行的。本书认为企业协同创新中知识共享具有以下博弈的基本特征：

（1）企业知识共享过程中的非合作博弈。企业在协同创新中知识共享的目的是为了获得更大的收益。企业在签订协同创新战略协议或契约时，更多的是明确双方在获取知识创新成果时的利益分配和协同过程中的权利和义务。在开展协同创新活动的过程中，企业双方都具有独立性且双方是一种平等的合作关系，一般不存在控制与被控制的关系，可以自主选择知识共享策略。非合作博弈强调在策略环境下，博弈参与主体决策的自主性，与知识共享博弈中企业的特征相似。企业在协同创新中知识共享的博弈属于非合作博弈问题，应从博弈视角开展研究。

（2）企业知识共享过程中的无限次动态重复博弈。企业在签订协同创新战略是从利益出发的。当双方一旦形成协同关系，尽管企业在知识产权共享过程中可能存在风险，但企业可能为了长远利益而牺牲眼前利益进而换取协同方更大的合作意愿，促使协同创新中知识共享所创造利益最大化。同时，协同方可能存在“搭便车”和投机行为，但此时协同方也存在失去其他企业信任风险，可能带来某些报复行为，从而丧失更大的利益。因此，总的来看，只要协同双方对对方的知识资源还存在依赖性，且不发生重要利益冲突，协同双方不会轻易选择“欺骗”和“违约”行为，同时为了长期利益最大化，不会因为某一次隐藏行为而终止知识共享。因此，协同企业间的知识共享过程可以看作是无限次的动态重复博弈。

（3）企业知识共享过程中的不完全信息问题。企业间进行协同创新前，可能对彼此有一定了解或者信任，但不可能完全了解未来协同企业的全部信息。同时，当形成协同关系后，一方面由于企业知识的异质性和多维性导致协同双方无法完全了解或掌握对方信息。另一方面即使在长期的动态博弈学习和了解过程中，企业间也无法完全掌握对方信息，企业的战略环境、发展策略等可能时刻在发生动态变化。因此，在协同创新过程中，企业间无法完全了解和掌握彼此的所属类型、知识创新能力和资源使用等方面的信息。因此，从根本上讲，企业协同创新中的知识共享问题属于不完全信息博弈。

（4）企业的有限理性。企业决策者也是“社会人”，其决策总是受其知识背景、个人价值等方面的影响，企业知识共享决策的出发点都是以最少投入获得最大收益，是有限理性的表现。同时，由于企业对未来环境、合作伙伴、资源使用等方面信息的不完全，因此，企业无法基于完全理性做出知识共享决策：当协同创新中知识共享能够给企业带来收益时，企业就趋向于选择共享知识；当知识共享存在损失和风险时，企业就趋向于规避损失和风险而隐藏知识。

第二节 集群企业内部员工隐性知识共享演化博弈研究

一、博弈模型构建

（一）模型假设

随着市场经济进入复杂、全球化的时代，知识逐渐成为组织中最有价值、最具战略性的资源之一。知识共享也逐渐成为企业最关心的问题之一，通过员工之间隐性知识的共享、转移、利用和创造新的知识，以达到组织的资源利用和绩效最大化。从企业网络视角来看，集群企业正处于知识网络竞争时代，其产业升级发展不仅要充分利用外部创新资源和知识资源，还需要充分调动内部员工的积极性，从内部组织进行优化，特别是内部创新知识网络的不断优化，使得集群企业自身创新生态系统不断升级，增强企业创新能力和核心竞争力，从而带动其他集群企业升级。更为重要的是，在集群企业内部知识共享能够减少知识共享溢出，还能够为企业内部培养人才，形成强而有力的创新知识团队，不断创造知识，从而确保企业能够不断锐意进取，发展向前。

在集群企业内部知识共享虽然存在知识资源有限，知识存量不足等问题，很多企业通过购买服务、并购企业、对外合作等方式获得的知识虽然简单快捷，但一方面难以消化、转化，另一方面隐性知识是企业独特、有用和稀缺的资源，企业即使需要支付高昂的经济成本和时间成本也难以获得其他企业的隐性知识和技术诀窍（know-how），短时内难以摆脱外部知识资源的束缚，无法形成企业竞争力。为此，集群企业首先应该激励企业内部员工知识共享，主要是隐性知识的共享，从而促进企业内部知识发酵、演化和升级，使得集群企业自身通过知识网络优化得以升级。如何激励员工之间相互积极交流与共享彼此的隐性知识，是企业知识管理中最为核心的问题。企业员工的隐性知识是在长期的实践和学习中累积而来的，是其在岗位竞争中获得优势、薪酬待遇高配的关键所在，如果企业内部没有激励机制和引导政策，员工共享隐性知识会降低个人对团队或组织的价值，从而不利于自身的地位、晋升和发展，那么员工就不会选择共享彼此的隐性知识（文鹏、廖建桥，2008）。从企业来看，企业希望员工之间彼此共享隐性知识，从而增强企业员工内部知识的流动，促进整个企业的知识创造。因此，员工的共享隐性知识行为与组织最优利益存在冲突；在企业内部的员工共享隐性知识过程中容易引起“搭便车”现象，总是期待通过其他员工的知识共享和知识溢出，使得自身在企业内部获得更好的地位、晋升机会，因此，员工间的知识共享也存在矛盾与冲突。基于此，本书提出以下研究假设：

假设4.1：产业集群内企业员工隐性知识共享行为博弈系统可以简化为两两博弈系统。集群企业员工隐性知识共享博弈系统中有两个异质有限理性群体：员工群体 A 和员工群体 B，群体 A 和群体 B 的异质性体现在隐性知识存量、知识消化能力和知识转化能力方面。员工群体 A 相较于员工群体 B 在知识存量、知识消化吸收和转化能力上具有优势；从群体 A 中抽取的称为员工 A，从群体 B 中抽取的称为员工 B。集群企业员工是否进行知识共享取决于双方策略带来的收益与损益，不受外在系统的影响与干扰。

假设4.2：集群企业员工知识共享决策依据是自身利益最大化，

包括个人荣誉、晋升机遇和薪资待遇等；集群企业员工工作收益与其隐性知识存量、知识共享、知识消化等相关。集群企业员工隐性知识共享决策可以简化为两类：知识共享（S_1），知识隐藏（S_2）。

假设4.3：员工花费时间和精力共享隐性知识能够促进知识创造，并提升个人绩效和企业绩效。员工共享隐性知识后，隐性知识将会变为显性知识，从而被其他员工吸收应用，能够帮助其他员工提升个人绩效。员工绩效提升水平取决于他人隐性知识共享总量、自身知识组合能力以及知识内化能力。Q_A、Q_B 表示员工 A 和员工 B 隐性知识共享总量；τ_A、τ_B 分别表示员工 A 和 B 的知识内化能力；员工 A 和员工 B 内化对方共享的隐性知识带来个人绩效的增值为 I_A、I_B，$I_A = \tau_A Q_B$，$I_B = \tau_B Q_A$。集群企业员工 A 和员工 B 花费时间和精力进行知识共享的成本分别为 C_A、C_B，$C_A = \theta_A Q_A$，$C_B = \theta_B Q_B$，θ_A、θ_B 为隐性知识共享成本系数。

假设4.4：集群企业员工共享隐性知识能够转化为显性知识，提升企业核心竞争力，提高企业绩效。集群企业员工共享隐性知识后能够转化为企业显性知识，其他员工能够应用显性知识从而提高集群企业组织绩效。企业员工 A 和员工 B 知识共享能够帮助企业提升绩效，分别为 M_A、M_B，$M_A = KQ_A$，$M_B = KQ_B$，K 为隐性知识组织绩效转化系数。如果双方都选择隐性知识共享，将会促进知识创造，出现“$1+1>2$”的知识共享协同效应，协同效应系数为 λ，$\lambda>1$。

假设4.5：员工隐性知识共享绩效与组织绩效提升情况直接挂钩。集群企业为了激励内部员工共享隐性知识，将员工隐性知识共享绩效单列，并与组织绩效提升情况直接挂钩，保证能够予以知识共享员工一定的激励，隐性知识共享的激励系数为 φ，为此，员工 A 和员工 B 获得的激励性收益分别为 φM_A、φM_B，$\varphi \leqslant 1$。反之，如果员工在知识共享过程中选择投机行为，进行知识隐藏，投机收益分别为 $\pi_A I_A$、$\pi_B I_B$，π_A、π_B 为投机收益系数；如果他人进行知识共享，而自己选择知识隐藏，在企业内部竞争中将会面临声誉损失、合作机会和晋职晋升机会损失，知识隐藏惩罚成本为 N。

（二）模型构建

1. 构建支付函数矩阵

产业集群内企业员工隐性知识共享过程是在一个具有不确定性和有限理性的空间进行，根据研究假设企业 A 和企业 B 的博弈系统可以简化为两类博弈系统，根据两两策略选择可以形成如表 4－2 所示博弈支付矩阵。

表 4－2　　集群企业员工隐性知识共享博弈矩阵

策略选择		员工 B	
		知识共享（S_1）	知识隐藏（S_2）
员工 A	知识共享（S_1）	$I_A+\lambda\varphi M_A-C_A$，$I_B+\lambda\varphi M_B-C_B$	φM_A-C_A，$I_B+\pi_B I_B-N$
	知识隐藏（S_2）	$I_A+\pi_A I_A-N$，φM_B-C_B	0，0

根据表 4－2 中集群企业员工隐性知识共享演化博弈系统局中人的支付函数矩阵，结合纳什定理的混合策略求解的基本定义，可得到员工 A 和员工 B 的知识共享混合策略收益，如式（4－1）和式（4－2）所示。

$$\left.\begin{aligned} U_{A1} &= \varphi M_A - C_A + (I_A + (\lambda - 1)\varphi M_A) y \\ U_{A2} &= (I_A + \pi_A I_A - N) y \\ \bar{U}_A &= x U_{A1} + (1 - x) U_{A2} \end{aligned}\right\} \quad (4-1)$$

$$\left.\begin{aligned} U_{B1} &= \lambda\varphi M_B - C_B + (I_B + (\lambda - 1)\varphi M_B) x \\ U_{B2} &= (I_B + \pi_B I_B - N) x \\ \bar{U}_B &= y U_{B1} + (1 - y) U_{B2} \end{aligned}\right\} \quad (4-2)$$

2. 复制动态方程

运用非对称复制动态演化方式，得到产业集群内员工隐性知识共享演化博弈系统的演化复制动态方程为：

$$F(x)=\frac{\mathrm{d}x}{\mathrm{d}t}=x(U_{A1}-\bar{U}_A)=x(1-x)(\varphi M_A-C_A+((\lambda-1)\varphi M_A+N-\pi_A I_A)y) \tag{4-3}$$

$$G(y)=\frac{\mathrm{d}y}{\mathrm{d}t}=y(U_{B1}-\bar{U}_B)=y(1-y)(\varphi M_B-C_B+((\lambda-1)\varphi M_B+N-\pi_B I_B)x) \tag{4-4}$$

式（4－3）表明，仅当 $x=0$，1 或 $y^*=\frac{C_A-\varphi_A M_A}{(\lambda-1)\varphi M_A+N-\pi_A I_A}$，员工 B 选择策略 S_1 的比例是局部稳定的；式（4－4）表明，仅当 $y=0$，1，$x^*=\frac{C_B-\varphi_B M_B}{(\lambda-1)\varphi M_B+N-\pi_B I_B}$，员工 A 选择策略 S_1 的比例是局部稳定的。因此博弈系统有 $O(0, 0)$、$M(1, 0)$、$N(0, 1)$、$D(1, 1)$ 和 $H(x^*, y^*)$5 个局部均衡点。

二、稳定性分析

按照弗里德曼提出的方法，微分方程系统的演化稳定策略（ESS）可由该系统的雅可比矩阵的局部稳定性分析得到。由式（4－3）和式（4－4）构成方程组，其雅可比矩阵为：

$$J=\begin{bmatrix} (1-2x)(\varphi M_A-C_A+((\lambda-1)\varphi M_A+N-\pi_A I_A)y) & x(1-x)((\lambda-1)\varphi M_A+N-\pi_A I_A) \\ y(1-y)((\lambda-1)\varphi M_B+N-\pi_B I_B) & (1-2y)(\varphi M_B-C_B+((\lambda-1)\varphi M_B+N-\pi_B I_B)x) \end{bmatrix} \tag{4-5}$$

J 的行列式的值计算式为：$\det J=\frac{\partial F(x)}{\partial x}\frac{\partial G(y)}{\partial y}-\frac{\partial F(x)}{\partial y}\frac{\partial G(y)}{\partial x}$，$J$ 的迹为：$\mathrm{tr}J=\frac{\partial F(x)}{\partial x}+\frac{\partial G(y)}{\partial y}$，当平衡点使得 $\det J>0$ 且 $\mathrm{tr}J<0$ 时，集群企业员工隐性知识共享博弈系统的平衡点就处于局部稳定状态，

ESS 稳定。以此为判定依据得出集群企业员工隐性知识共享博弈系统的稳定点及其所对应系统演化状态的推论。

推论 4.1：当 $C_A > \varphi M_A$，$C_B > \varphi M_B$ 时，$O(0,\ 0)$ 是系统的演化稳定点。该条件说明：员工隐性知识共享成本高于隐性知识共享激励收益。实际中，集群员工作为有限理性人，如果共享隐性知识获得的收益小于成本支出，显然集群员工肯定会选择知识隐藏策略，而不会选择知识共享策略，最终集群企业员工都不会共享隐性知识。因此，集群企业激励员工共享隐性知识，一方面降低员工隐性知识共享成本，通常集群企业降低员工隐性知识共享成本途径主要有建立知识共享平台、组建知识共享团队、完善员工学术机制等。另一方面需要提升隐性知识共享激励收益，可以综合运用精神激励和物质激励，短期激励和中长期激励等方式。

推论 4.2：当 $C_A < \varphi M_A$，$\lambda\varphi M_B + N < C_B + \pi_B I_B$ 时，$M(1,\ 0)$ 是系统的演化稳定点。该条件说明：当员工 A 隐性知识共享成本低于隐性知识共享激励收益，同时，员工 B 隐性知识共享成本与知识隐藏投机收益之和大于知识共享激励收益与知识隐藏成本之和（知识共享纯收益小于知识隐藏纯收益[①]）。员工 A 选择隐性知识共享能够获得收益，而员工 B 选择知识隐藏能够获得收益，显然在集群企业内部会形成一种部分员工总是在贡献隐性知识，而另一部分员工总是在“搭便车”获取收益。实际中，知识隐藏成本通常较低，特别是很多企业对于知识型员工具有依赖性，导致员工知识隐藏成本较低。根据公平理论可知，员工 A 总会和员工 B 进行劳动回报比的比较，显然知识隐藏作为一种投入成本为零的“聪明”策略，员工 A 进行隐性知识共享将会感受到不公平。在这种知识共享环境下，企业员工 A 长期也难以进行隐性知识共享，最终也会选择知识隐藏策略。同时，对

① 知识共享纯收益 = 知识共享激励收益 − 知识共享成本；知识隐藏纯收益 = 知识共享投机收益 − 知识隐藏成本。

于集群企业来讲，只有部分员工进行隐性知识共享，虽然能够提升组织绩效，但是并没有充分挖掘和利用企业内部知识资源，企业必然会主动调整激励制度，否则，集群企业所有员工都不会共享隐性知识。

推论4.3：当 $\lambda\varphi M_A + N < C_A + \pi_A I_A$，$C_B < \varphi M_B$ 时，$N(0, 1)$ 是系统的演化稳定点。显然，推论4.3和推论4.2一样，在现实过程中知识共享博弈系统难以收敛到 $N(0, 1)$。

推论4.4：$\lambda\varphi M_A + N > C_A + \pi_A I_A$，$\lambda\varphi M_B + N > C_B + \pi_B I_B$，$D(1, 1)$ 是系统的演化稳定点。此时，员工 A 和员工 B 的知识共享纯收益大于知识隐藏纯收益，作为有限理性人，员工都愿意参与隐性知识共享，将隐性知识显性化。这是集群企业知识共享激励管理希望达到的效果，但是由于知识共享过程的复杂性，个体之间知识共享认知和知识消化吸收能力的异质性，总是有员工在显性知识消化、知识再创造过程中处于劣势，从而影响个人在企业内部的地位。因此，隐性知识共享的激励不仅要体现在薪酬、福利待遇方面，还需要体现在荣誉、情感和共享文化上，能够形成企业内部良好知识共享氛围，才能促使隐性知识共享博弈系统最终达到理想状态。隐性知识共享对于集群企业内部知识网络优化，促进知识创造具有重要的意义，然而，员工总是希望在企业内部达到“知识垄断”而获得个人最大利益，包括地位、薪资和威望等。然后，企业不仅仅需要员工具有高价值的隐性知识，更期待知识员工能够共享知识，并且不断进行知识创新，带动其他成员不断提升自身的技术和能力。为此，企业对于隐性知识共享的需求与员工隐性知识隐藏之间存在矛盾，企业需要采取有效的激励机制才能确保员工共享隐性知识，才能达到最理想的知识共享状态。

综合上述推论，可以绘制集群企业隐性知识共享博弈系统动态演化相图，具体如图4-3所示。

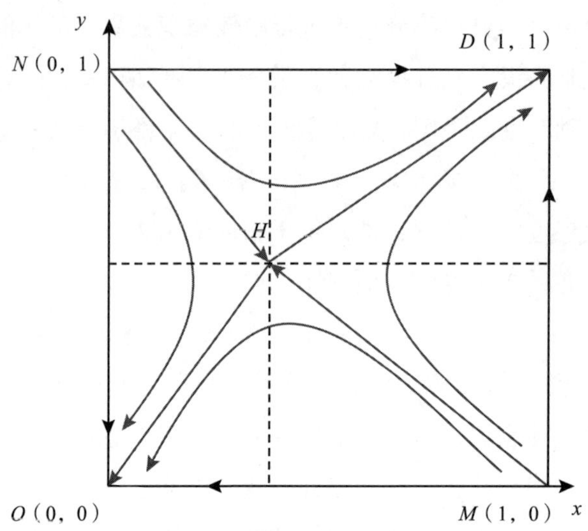

图 4－3 集群企业隐性知识共享博弈系统动态演化

三、值模拟与仿真

（一）仿真参数设计

集群企业员工作为有限理性人，在隐性知识共享决策过程中总是基于自身利益最大化进行决策。显然，在隐性知识共享过程中，员工决策的收益包括组织激励收益、个人绩效提升收益等，受到参数隐性知识共享成本系数、知识组合能力、知识内化能力等参数的影响。为了更加明晰各参数对于集群企业员工隐性知识共享决策的影响机理，借助 Matlab 2009 软件进行数值模拟仿真分析，由于员工中具有隐性知识且能够显性化的成员比例通常初始少，令 x、y 均为 0.30。随着隐性知识共享文化和激励制度的不断完善，企业内部隐性知识共享员工比例将会不断增大，员工对于隐性知识共享价值的认识也会不断提升。在模拟仿真过程中，博弈参数的设计是为了展示博弈系统的演化特征，初始参数设计如表 4－3 所示。

表 4-3　　模拟仿真初始参数设计

参数符号	指标含义	初始赋值	
		员工 A	员工 B
Q	员工隐性知识共享总量（万元）	200	160
λ	协同效应系数	2.00	2.00
τ	员工知识内化能力系数	0.60	0.55
θ	隐性知识共享成本系数	0.35	0.40
φ	隐性知识共享激励系数	0.08	0.08
π	投机收益系数	0.60	0.50
K	隐性知识组织绩效转化系数	2.80	2.80
N	知识隐藏惩罚成本（万元）	5	5

（二）仿真结果分析

1. 员工隐性知识总量对博弈系统的影响

根据数值模拟的结果可知（见图 4-4），员工隐性知识总量对于双方的行为策略有显著性影响，当双方知识量越大且差距越小时，双方将会选择知识共享策略。因此，集群企业员工知识量并非越大越好，关键在于员工之间的隐性知识量差，员工隐性知识量差越大越难以实现知识共享，主要是由于知识量较少的员工可共享的知识有限，其更倾向于用仅有的知识进行投机，而知识量大的员工，一旦发现对方可共享的知识量有限，难以通过知识共享获得更好的收益，将不会选择知识共享。在实际中，企业员工之间如果知识量相差太多，即使知识量大的员工愿意分享知识，知识量较小的员工也需要花费较高的成本消化和吸收这些知识，因此，企业内部应该建立学习型组织，通过长期的知识交流减少知识量差带来的阻碍。

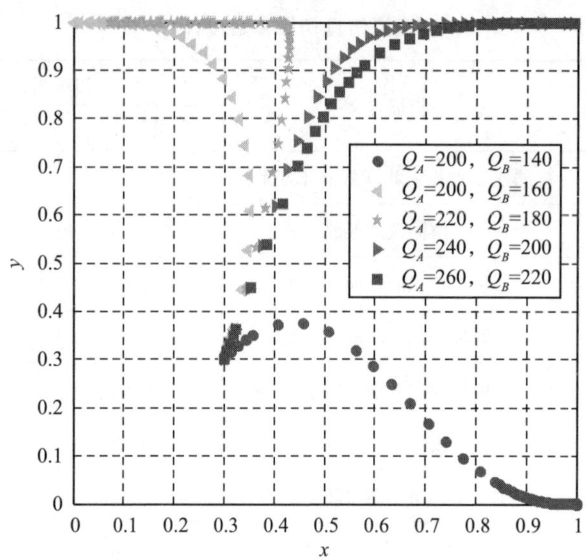

图 4－4 员工隐性知识总量对博弈系统的影响演化

2. 协同效应系数对博弈系统的影响

根据数值模拟的结果可知（见图 4－5），员工隐性知识共享的协同效应越强，员工越愿意进行知识共享，博弈系统越容易收敛于 $D(1, 1)$。员工共享知识能够进行互补，从而有利于知识创造，员工能够获得更高的个人绩效，为此，集群企业员工将都会参与知识共享。员工知识共享的协同效应越好，说明双方共享的知识不仅是对方需要的，而且对方有能力消化吸收，并转化为自身的知识和技能，并能够将其应用于企业日常生产管理，从而通过共享知识获得更多的协同收益，提升了知识共享绩效。按照马斯洛层次需求理论可知，员工知识共享不仅需要获得更好的物质报酬，还需要在知识共享中获得更高级的收益：员工间进行知识共享是多方之间进行知识交互，多方能够在知识共享过程中获得收益，这种收益不仅是个人知识共享获得声誉的满足，更为主要的是，在知识共享的过程中个人知识能够得到提升，并且在知识共享过程中逐步得到升华，进而创造知识，从而获得更高的满足感。

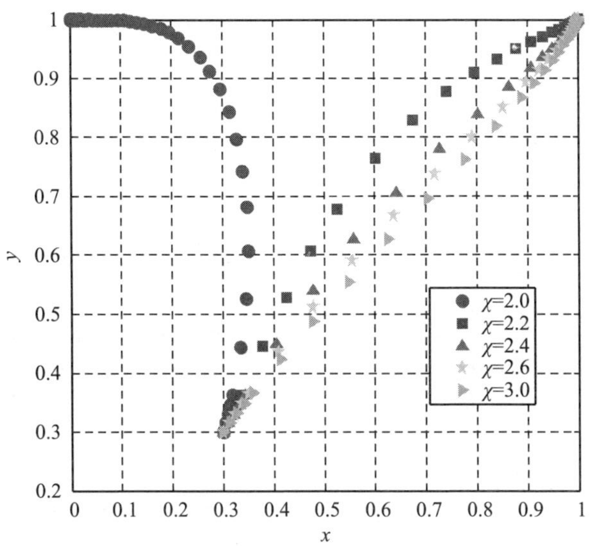

图 4-5　协同效应系数对博弈系统的影响

3. 员工知识内化能力对博弈系统的影响

根据数值模拟仿真的结果可知（见图 4-6），员工知识内化能力越强，博弈系统越容易收敛至理想状态。在知识共享过程中，员工想要通过对方共享的隐性知识提升自身个人绩效，需要将显性化知识进行内化，实际中，不同员工的知识内化能力存在较大差异，即使对方已经将隐性知识显性化，但是由于个人知识、学历和学习能力等方面的差异性，知识内化能力越强的人越愿意参与知识共享，一方面共享自身知识，另一方面其能够快速内化对方知识，从而提升自身绩效，并且能够获得额外的知识协同效益。因此，知识共享激励不仅要注重知识共享行为，更要注重员工内化能力的培育，可以通过培训、组建学习中心、搭建学习平台，帮助员工不断提升内化能力，这样不仅能够强化知识共享网络中节点的相互协同，还能加强网络节点的交互，优化创新网络结构，从而有助于提升员工知识共享的整体绩效。

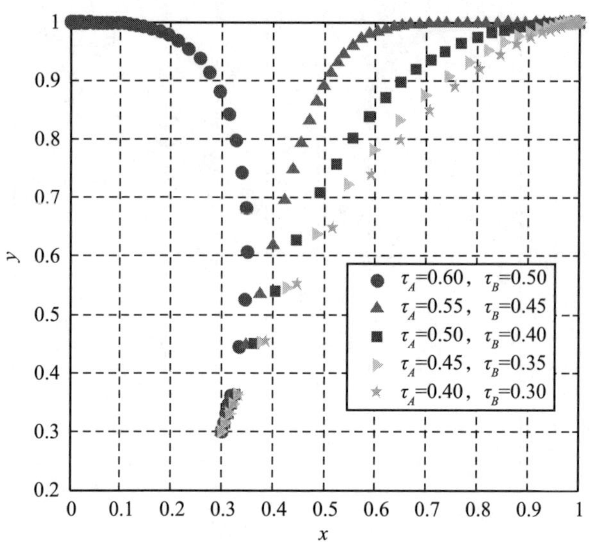

图 4-6　员工知识内化能力对博弈系统的影响演化

4. 知识隐藏惩罚成本对博弈系统的影响

根据数值模拟仿真的结果可知（见图 4-7），员工知识隐藏惩罚成本越高，员工将会选择知识共享，博弈系统越容易收敛至点 $D(1, 1)$。由于员工的知识存量越高通常在企业内部的声誉、地位和薪酬越高，员工选择知识隐藏能够确保自身利益不会因为知识共享而遭受损失风险，为此，为了确保自身利益，员工通常会选择知识隐藏，而这显然不利于提升企业绩效。企业员工知识隐藏在知识共享过程中本质上是一种投机和“搭便车”行为，期待通过知识隐藏行为保持自身的知识优势，并且利用他人知识为自身获得更高的收益。在企业激励机制引导下，员工采取知识共享能够获得更好的收益，但也面临对方进行知识隐藏而使得自身知识存量优势逐步缩小，最终失去优势，从而使得个人的地位和待遇受到影响。企业应该加强知识共享文化建设、知识产权保护平台建设和知识共享绩效考核提升增加知识隐藏成本，降低员工知识隐藏的动机，最终激励员工主动参与知识共享，共同提升企业绩效和员工个人绩效。

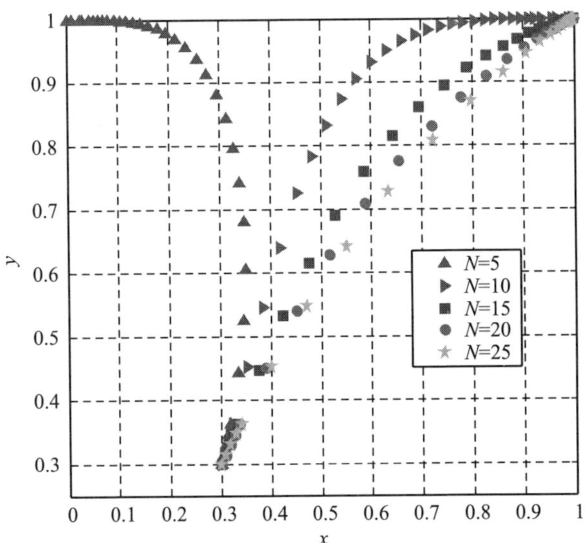

图 4-7 知识隐藏惩罚成本对博弈系统的影响

第三节 异质集群企业间知识共享演化博弈研究

一、博弈模型构建

在知识经济时代，创新是产业集群面对全局经济一体化竞争生存、发展和升级的必然选择。产业集群企业的创新活动不仅需要内部资源，更需要合作伙伴的共享性资源，难以依赖自身知识储备和创新资源取得创新成功，知识共享是创新成功的根本保证。异质性企业知识共享行为是产业集群能够突破低端锁定的关键活动。国内外学者围绕知识共享行为影响因素开展了丰富的研究，例如国外学者德弗里斯、切柏斯和范·韦勒（Vries J D，Schepers J & Weele A V，2014），埃斯特拉达、法姆斯和德法里亚（Estrada I，D Faems & Faria P D，2016）等关于产业集群知识共享影响因素、知识共享与企业创新绩效方面的研究取得了长足的进步，为产业集群知识共享研究做出了重要贡献。近年，国内学者十分关注知识共享主体决策行为的研究，以数学为基础的博弈论被引入到知识共享利益冲突与矛盾的决策中，按照博弈主体主要可以分为三类：第一类，集群内、外部企业知识共享博弈研究，例如，米捷、林润辉和董坤祥等（2016）通过构建中间知识位势主体积极参与和消极参与两种情况下的演化博弈模型，研究了双方的知识共享行为和相应机会主义行为的演化博弈过程。王朋举（2017）归纳企业联盟知识共享失败的原因，构建了企业联盟成员间失败共享的演化博弈模型，并采取模拟仿真方法分析了影响企业知识共享决策的关键因素。韩莹和陈国宏（2018）综合运用豪泰林（Hotelling）博弈和演化博弈，从空间上将博弈系统局中人分为集群内企业和集群外企业，并建立集群企业知识共享的两两博弈模型，探讨在无政府补贴和有政府补贴条件下高技术与低技术集群企业间的博弈决策。第二类，集群供应链中横向企业间知识共享博弈研究。王永明和鲍计炜（2019）运用演化博弈论建立集群供应链中横向企业间知识共享行为演化博弈模型，分析集群供应链知识共享行为的演化路径和影响知识共享行为的企业特质。第三类，集群企业、政府等多主体参与的知识共享博弈。李煜华、聂德才和胡瑶瑛（2014）认为知识共享行为是创意集群企业、政府和科研机构利益博弈均衡的结果，运用演化博弈理论分析了知识共享行为主体的决策条件。营利荣和王大澳（2018）基于“政府—企业—企业”三者在知识共享过程中策略选择的相互影响及作用，构建了知识共享演化博弈模型，分析了影响各博弈主体策略选择与演化的因素。上述研究探讨的知识共享主体不同，决策的博弈网络具有异质性。也有研究关注了企业创新能力、创新资源禀赋异质对于企业决策的影响，为促进集群企业知识共享做出了重要贡献。集群内企业由于经营状况不一，创新资源禀赋不同等原因对知识共享需求不同；同时，知识共享过程中知识溢出无法避免，总是面对合作方随时可能的投机行为挑战。总体来看，集群企业异质性导致其对知识共享过程中知识溢出带来的损失压力感知不同。然而，目前仅有少量文献探讨这种非对称压力对企业知识共享行为决策的影响。事实上，在企业合作过程中，企业拥有的 know-how 知识越少，知识存量越低，越担心对方采取投机策略，对知识溢出损失的承担能力越差，面临的压力越大越可能采取投机行为进而规避知识溢出带来的损失。因此，这种非对称压力必然影响企业知识共享行为。

（一）模型假设

集群企业知识共享策略选择与其市场竞争策略及其自身战略有关，产业集群内企业知识共享系统是一个相互影响的相对独立系统。在知识共享过程中，同为集群企业需要分析市场竞争对手的策略选择，从而进行知识共享行为决策。同时，其竞争对手也会观测其知识共享策略选择，进而决定自身的策略选择，双方在此过程中不断试探和调整策略，从而形成动态博弈。显然，现实中集群企业之间存在异质性：知识存量、技术知识消化吸收能力等不同，这种异质性导致企业对于无法规避的知识溢出损失压力感知不同，企业基于自身利益最大化总是会采取投机策略规避损失。根据上述背景和分析，研究假设如下：

假设 4.6：产业集群内企业知识共享行为博弈系统可以简化为两两博弈系统。产业集群知识共享博弈系统中有两个异质有限理性群体：群体 A 和群体 B，群体 A 相较于群体 B 在知识存量、技术知识消化吸收能力上具有优势；从群体 A 中抽取的称为企业 A，从群体 B 中抽取的称为企业 B。集群企业是否进行知识共享取决于双方策略带来的收益与损失，不受外在系统的影响与干扰。

假设 4.7：集群企业知识共享行为决策的依据是基于自身利益最大化。企业 A 和企业 B 都有两种选择：共享策略（S_1）和隐藏策略（S_2）。共享策略是指企业在合作过程中将关键的隐性知识进行无保留的共享行为；隐藏策略是指企业在合作过程中将关键的隐性知识进行隐藏，共享显性知识或者完全隐藏的行为。假设企业 A 选择共享策略概率 x，选择隐藏策略的概率为 $1-x$；企业 B 选择共享策略概率 y，选择隐藏策略的概率为 $1-y$。x、y 均为关于时间 t 的函数。集群企业是否进行知识共享取决于双方策略带来的收益与损益，不受外在系统的影响与干扰。

假设 4.8：集群企业进行知识共享行为总是需要支付成本。企业 A 和企业 B 采取知识共享行为的目的是为了提升企业核心竞争力，但由于企业规模、资源禀赋不同，集群企业在知识共享过程中需要付出的合作交流、搜索、协同以及知识转化等方面的成本不同，简称为知识共享成本。企业 A 和企业 B 在知识共享过程中需要支付的成本分别为 $C_i(i=1, 2)$，$C_i>0$。

假设 4.9：集群企业知识共享能够发挥 $1+1>2$ 的效应，提升市场价值。假设消费者对创新产品消费具有偏好性，当前市场的总价值为 I，企业 A 当前能够获得收益为 kI，企业 B 为 $(1-k)I$，k 表示企业所在市场份额；当双方采取共享知识行为时，知识共享能够发挥$1+1>2$的效应，市场整体价值增加值为 ΔI，简称为知识共享行为额外收益。集群企业自身的知识消化能力确定其新增市场价值分配额度，企业 A 和企业 B 共享行为收益分别为 $\lambda_i\Delta I(i=1, 2)$，参数 λ_i 表示集群企业知识消化吸收能力，根据假设 4.6 可知，$\lambda_1>\lambda_2>0$。

假设 4.10：知识共享过程中知识溢出损失难以避免，给企业带来的决策压力非对称。由于知识溢出总是会带来损失，企业对这种损失的承担能力不同，面临的压力不同，集群企业作为有限理性群体，在知识共享过程中为规避损失，总有投机和搭便车的行为动机。假设企业 A 和企业 B 由于知识溢出损失面临的压力系数为 $\mu_i(i=1, 2)$。压力大小受到自身创新资源和知识存量的影响，根据假设 4.6 可知，$0<\mu_1<\mu_2$。当企业 A 采取策略 S_1 而企业 B 采取投机行为时，企业 A 对企业 B 投机带来的损失压力为 $\mu_2\lambda_1\Delta I$，反之，企业 B 面临的损失

压力为$\mu_1\lambda_2\Delta I$。

（二）模型构建

1. 构建支付函数矩阵

产业集群内企业知识共享过程是在一个具有不确定性和有限理性的空间进行，根据研究假设企业A和企业B的博弈系统可以简化为两类博弈系统，根据两两策略选择可以形成如表4－4所示的博弈支付矩阵。

表4－4　　非对称压力下集群企业知识共享博弈矩阵

策略选择		企业B	
		共享（S_1）	隐藏（S_2）
企业A	共享（S_1）	$kI-C_1+\lambda_1\Delta I$，$(1-k)I-C_2+\lambda_2\Delta I$	$kI-C_1+\lambda_1\Delta I-\mu_2\lambda_1\Delta I$，$(1-k)I+\mu_2\lambda_1\Delta I$
	隐藏（S_2）	$kI+\mu_1\lambda_2\Delta I$，$(1-k)I-C_2+\lambda_2\Delta I-\mu_1\lambda_2\Delta I$	kI，$(1-k)I$

根据表4－4中所示产业集群内企业知识共享演化博弈系统局中人的支付函数矩阵，结合纳什定理的混合策略求解的基本定义（Nash，1951），可得到企业A和企业B的混合策略收益，如式（4－6）和式（4－7）所示。

$$\left.\begin{aligned}U_{A1}&=kI-C_1+\lambda_1\Delta I-\mu_2\lambda_1\Delta I+\mu_2\lambda_1\Delta Iy\\U_{A2}&=kI+\mu_1\lambda_2\Delta Iy\\\bar{U}_A&=xU_{A1}+(1-x)U_{A2}\end{aligned}\right\}\tag{4-6}$$

$$\left.\begin{aligned}U_{B1}&=(1-k)I-C_2+\lambda_2\Delta I-\mu_1\lambda_2\Delta I+\mu_1\lambda_2\Delta Ix\\U_{B2}&=(1-k)I+\mu_2\lambda_1\Delta Ix\\\bar{U}_B&=yU_{B1}+(1-y)U_{B2}\end{aligned}\right\}\tag{4-7}$$

2. 复制动态方程

运用非对称复制动态演化方式，得到产业集群内企业知识共享演化博弈系统的演化复制动态方程为：

$$F(x)=\frac{\mathrm{d}x}{\mathrm{d}t}=x(U_{A1}-\bar{U}_A)=x(1-x)(y(\mu_2\lambda_1-\mu_1\lambda_2)\Delta I-C_1+\lambda_1\Delta I-\mu_2\lambda_1\Delta I) \quad (4-8)$$

$$G(y)=\frac{\mathrm{d}y}{\mathrm{d}t}=y(U_{B1}-\bar{U}_B)=y(1-y)(x(\mu_1\lambda_2-\mu_2\lambda_1)\Delta I-C_2+\lambda_2\Delta I-\mu_1\lambda_2\Delta I) \quad (4-9)$$

式（4-8）表明，仅当 $x=0$，1 或 $y^*=\frac{C_1-\lambda_1\Delta I+\mu_2\lambda_1\Delta I}{(\mu_2\lambda_1-\mu_1\lambda_2)\Delta I}$，企业 B 选择策略 S_1 的比例是局部稳定的；式（4-9）表明，仅当 $y=0$，1，$x^*=\frac{C_2-\lambda_2\Delta I+\mu_1\lambda_2\Delta I}{(\mu_1\lambda_2-\mu_2\lambda_1)\Delta I}$，企业 A 选择策略 S_1 的比例是局部稳定的。因此博弈系统有 $O(0,0)$、$M(1,0)$、$N(0,1)$、$D(1,1)$ 和 $H(x^*,y^*)$ 5 个局部均衡点。

二、稳定性分析

按照弗里德曼提出的方法，微分方程系统的演化稳定策略（ESS）可由该系统的雅可比矩阵的局部稳定性分析得到。由式（4-8）和式（4-9）构成方程组，其雅可比矩阵为：

$$J=\begin{bmatrix}(1-2x)(y(\mu_2\lambda_1-\mu_1\lambda_2)\Delta I-C_1+\lambda_1\Delta I-\mu_2\lambda_1\Delta I) & x(1-x)(\mu_2\lambda_1-\mu_1\lambda_2)\Delta I \\ y(1-y)(\mu_1\lambda_2-\mu_2\lambda_1)\Delta I & (1-2y)(x(\mu_1\lambda_2-\mu_2\lambda_1)\Delta I-C_2+\lambda_2\Delta I-\mu_1\lambda_2\Delta I)\end{bmatrix} \quad (4-10)$$

J 的行列式的值计算式为：$\det J=\frac{\partial F(x)}{\partial x}\frac{\partial G(y)}{\partial y}-\frac{\partial F(x)}{\partial y}\frac{\partial G(y)}{\partial x}$，$J$ 的迹为：$\mathrm{tr}J=\frac{\partial F(x)}{\partial x}+\frac{\partial G(y)}{\partial y}$，当平衡点使得 $\det J>0$ 且 $\mathrm{tr}J<0$ 时，非对称压力下集群企业知识共享博弈系统的平衡点就处于局部稳定状态，ESS 稳定。以此为判定依据得出非对称压力下集群企业知识共享博弈系统的稳定点及其所对应系统演化状态的推论。非对称压力下集群企业知识共享博弈系统各均衡点雅可比矩阵的行列式和迹如表 4－5 所示。

表 4－5　平衡点稳定性分析

平衡点	$\det J$	$\mathrm{tr}J$
$O(0,0)$	$(-C_1+\lambda_1\Delta I-\mu_2\lambda_1\Delta I)\times(-C_2+\lambda_2\Delta I-\mu_1\lambda_2\Delta I)$	$(-C_1+\lambda_1\Delta I-\mu_2\lambda_1\Delta I)+(-C_2+\lambda_2\Delta I-\mu_1\lambda_2\Delta I)$
$M(1,0)$	$-(-C_1+\lambda_1\Delta I-\mu_2\lambda_1\Delta I)\times(-C_2+\lambda_2\Delta I-\mu_2\lambda_1\Delta I)$	$-(-C_1+\lambda_1\Delta I-\mu_2\lambda_1\Delta I)+(-C_2+\lambda_2\Delta I-\mu_2\lambda_1\Delta I)$
$N(0,1)$	$(-C_1+\lambda_1\Delta I-\mu_1\lambda_2\Delta I)\times(-(-C_2+\lambda_2\Delta I-\mu_1\lambda_2\Delta I))$	$(-C_1+\lambda_1\Delta I-\mu_1\lambda_2\Delta I)-(-C_2+\lambda_2\Delta I-\mu_1\lambda_2\Delta I)$
$D(1,1)$	$-(-C_1+\lambda_1\Delta I-\mu_1\lambda_2\Delta I)\times(-(-C_2+\lambda_2\Delta I-\mu_2\lambda_1\Delta I))$	$-(-C_1+\lambda_1\Delta I-\mu_1\lambda_2\Delta I)-(-C_2+\lambda_2\Delta I-\mu_2\lambda_1\Delta I)$

显然，根据模型假设可以判定：$\mu_1\lambda_2<\mu_2\lambda_1$。同时根据表 4－5 可知，博弈系统的平衡点稳定性受到多个参数的影响，具体来看各局部平衡点的稳定性与 t、l、s 和 h 之间的正负关系有关。根据 $\mu_1\lambda_2$ 和 $\mu_2\lambda_1$ 的正负关系，很容易判断得到 $t<l$，$s>h$。其他情况下 t、l、s 和 h 之间的正负关系及非对称压力下集群企业知识共享博弈系统平衡点稳定性情况，如表 4－6 所示。

表 4-6　非对称压力下集群企业知识共享博弈系统平衡点稳定性分析

情景	平衡点	条件	det$J$ 符号	tr$J$ 符号	结论	相位图
情景 1	O（0，0）	$t<0$	+	-	稳定点	图 4-8（a）
	M（1，0）	$s<0$	+	不确定	鞍点	
	N（0，1）	$h<0$	+	不确定	鞍点	
	D（1，1）	$l<0$	+	+	不稳定点	
	H（x^*，y^*）			0	鞍点	
情景 2	O（0，0）	$t<0$	-	不确定	鞍点	图 4-8（b）
	M（1，0）	$s>0$	-	不确定	鞍点	
	N（0，1）	$h<0$	+	-	稳定点	
	D（1，1）	$l<0$	+	+	不稳定点	
情景 3	O（0，0）	$t>0$	+	+	不稳定点	图 4-8（c）
	M（1，0）	$s>0$	+	-	稳定点	
	N（0，1）	$h>0$	-	不确定	鞍点	
	D（1，1）	$l<0$	-	不确定	鞍点	
情景 4	O（0，0）	$t>0$	+	+	不稳定点	图 4-8（d）
	M（1，0）	$s>0$	+	-	稳定点	
	N（0，1）	$h<0$	+	-	稳定点	
	D（1，1）	$l<0$	+	+	不稳定点	
情景 5	O（0，0）	$t>0$	+	+	不稳定点	图 4-8（e）
	M（1，0）	$s>0$	-	不确定	鞍点	
	N（0，1）	$h>0$	-	不确定	鞍点	
	D（1，1）	$l>0$	+	-	稳定点	
情景 6	O（0，0）	$t<0$	-	不确定	鞍点	图 4-8（f）
	M（1，0）	$s>0$	-	不确定	鞍点	
	N（0，1）	$h<0$	-	不确定	鞍点	
	D（1，1）	$l>0$	-	不确定	鞍点	

注：$t=-C_1+\lambda_1\Delta I-\mu_2\lambda_1\Delta I$，$s=-C_2+\lambda_2\Delta I-\mu_1\lambda_2\Delta I$，$h=-C_2+\lambda_2\Delta I-\mu_2\lambda_1\Delta I$，$l=-C_1+\lambda_1\Delta I-\mu_1\lambda_2\Delta I$.

根据表4－6所对应的条件，可得到关于产业集群内企业知识共享演化博弈系统局中人的策略推论。

推论4.6：根据情景1的条件可知，当满足条件$t<0$、$s<0$、$h<0$、$l<0$时，企业A的决策条件是知识共享行为成本大于知识共享行为增益与投机收益之差；同时企业B的决策条件是知识共享行为成本大于知识共享行为增益与对方隐藏行为带来的损益之差。显然，在群体中初期选择知识共享的企业发现知识共享总是会带来损益，基于自身利益最大化，这些企业都将会采取隐藏策略（如图4－8（a）所示）。此时，产业集群内企业间的知识共享难以实现，创效率将会受限。

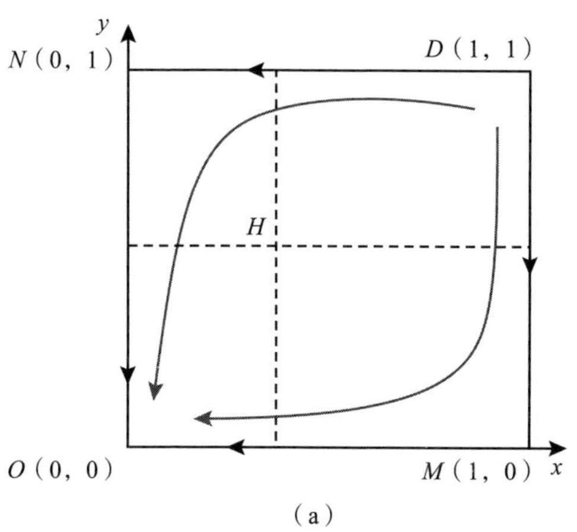

（a）

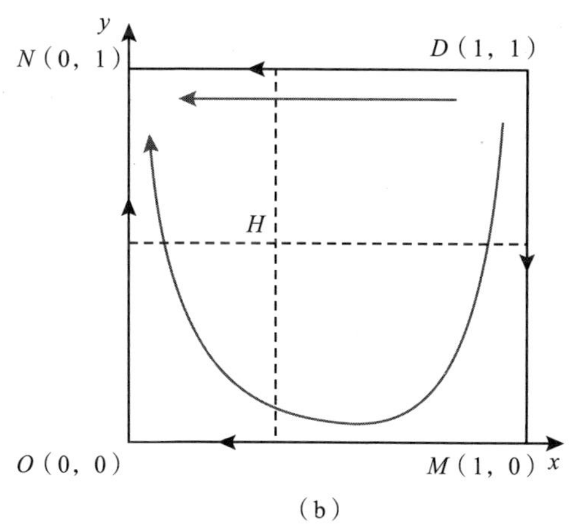

（b）

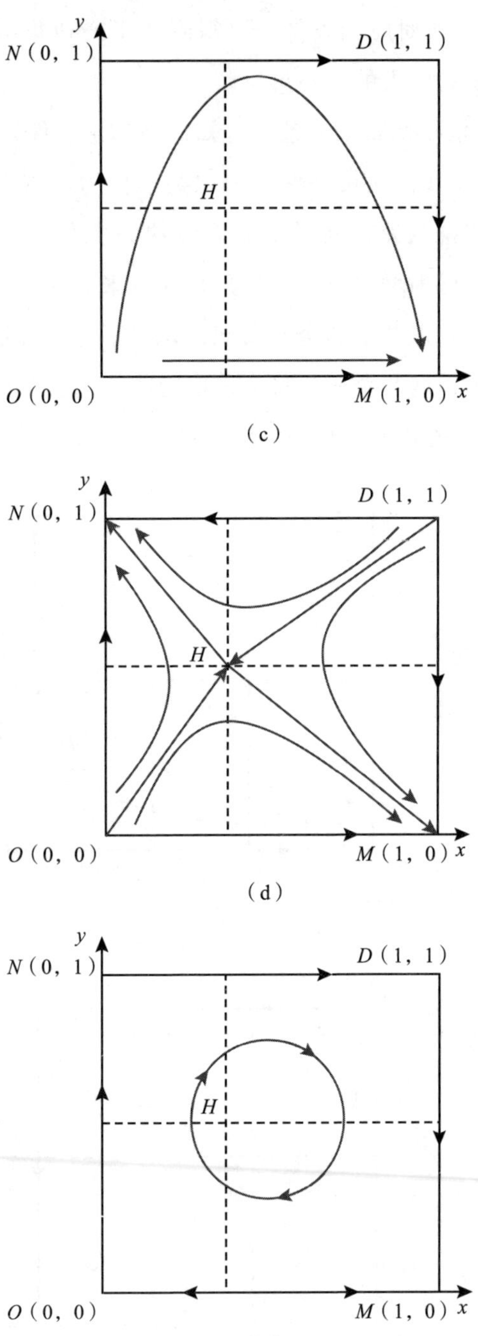

图 4-8 多种情景系统演化

推论4.7：根据情景2的条件可知，当满足条件 $t<0$、$s>0$、$h<0$、$l<0$ 时，企业 A 的决策条件是知识共享行为成本大于知识共享行为增益与自身投机收益之差；企业 B 的决策条件是知识共享行为成本大于知识共享行为增益与对方隐藏行为带来的损失之差，但小于知识共享行为增益与对方投机带来的损失之差。在此条件下，企业 B 的知识共享策略有利可图，基于自身利益最大化，群体中企业都会争相学习采取知识共享策略，而群体 A 中企业发现知识共享总是带来损失，基于自身利益最大化最终都会放弃知识共享策略，而选择知识隐藏策略，演化过程如图4－8（b）所示。情景3的推论需要满足的条件是 $t>0$、$s>0$、$h>0$、$l<0$ 时，很显然，演化轨迹如图4－8（c）所示，与情境2的几乎没有差异性，本书不再累述。

推论4.8：根据情景4的条件可知，当满足条件 $t>0$、$s>0$、$h<0$、$l<0$ 时。企业 A 和企业 B 的决策条件都是知识共享行为成本大于知识共享行为增益与自身投机带来的收益之差，但小于知识共享行为增益与对方投机带来的收益之差，产业集群内企业同时采取知识共享策略或同时采取策略隐藏策略的情境不会发生。此时双方在博弈中此消彼长，一方采取知识共享，另一方必然隐藏，双方的策略在博弈过程中不断切换，演化轨迹如图4－8（d）所示。决定集群企业采取知识共享或者隐藏，取决于企业 A 和企业 B 共同形成的博弈初始点 H：如果点 H 初始位置在 $NOHD$ 区域范围时，此时企业 A 将最终采取隐藏策略，企业 B 反之，此时可能企业 B 共享的知识对企业 A 来讲意义十分有限，而共享带来的损失非常大；当初始状态处于 $MOHD$ 围成的区域时，企业 A 将采取共享策略，而企业 B 采取隐藏策略，此时企业 B 可能无法承受知识溢出损失的压力，采取隐藏策略避免损失。

推论4.9：根据情景5的条件可知，当满足条件 $t>0$、$s>0$、$h>0$、$l>0$ 时。企业 A 和企业 B 的决策条件都是知识共享行为成本小于知识共享行为增益与自身投机带来的收益之差。此时，知识共享策略总是能够给双方带来收益，无论点 H 处于何处，知识共享博弈系统

最终都收敛于点 $D(1, 1)$，如图4－8（e）所示。群体 A 和群体 B 中企业都将采取知识共享策略，知识共享行为能够带来更好的收益，即使知识溢出带来的损失压力也毫不影响。但现实中，产业集群企业内的知识共享网络是以一种非契约形式存在，企业之间的信任感很低，在面临不同压力时，企业采取策略的动力和积极性差异很大，另外，企业在知识共享过程中总是希望尽快掌握对方的 know-how 知识，从而在合作和未来的竞争中占据优势地位，更是促使企业的隐藏行为和“搭便车”行为。因此，在没有政府部门引导或者行业联盟规制的情况下，集群内部企业自身进行知识共享合作进化较慢，需要外力的扰动才能加快合作的态势。

推论4.10：根据情景6的条件可知，当满足条件 $t<0$、$s>0$、$h<0$、$l>0$ 时，产业集群内企业知识共享演化博弈系统的演化过程较为特殊。在某个时间点，群体 A 中企业采取知识共享策略能比采取隐藏策略获得更好的收益，但群体 B 中企业总是采取隐藏策略，一旦群体 B 中企业采取知识共享策略获利，群体 B 中企业将会转向采取知识共享策略，与此同时，群体 A 中企业将会发现知识溢出带来的损失不断增大，企业将会采取隐藏策略规避知识溢出带来的损失，而群体 B 中企业发现采取知识共享策略无法获得收益甚至面临损失，又将采取隐藏策略，而群体 A 中企业又发现知识共享策略能够获得收益，将采取知识共享策略，如此反复，形成一个封闭式的循环轨道，博弈系统无法达到稳定的情境，如图4－8（f）所示。

三、数值模拟仿真分析

（一）仿真参数设计

产业集群内企业作为有限理性人，总是基于自身利益最大化决定知识共享策略选择。集群企业知识共享的策略选择受到 μ_i、λ_i、ΔI 和 C_i 的影响，为了更加明晰各参数对于集群企业决策的影响机理，借助 Matlab 2009 软件进行数值模拟仿真分析，初始值设计如下：x、y 的初始值均为 0.4，集群企业采取隐藏策略的概率 $\mu_1 = 0.4$、$\mu_2 = 0.5$，企业 A 和企业 B 的消化吸收能力系数 $\lambda_1 = 1.2$、$\lambda_2 = 1$，产业集群内企业知识共享策略所带来的市场价值增加值 $\Delta I = 5$、采纳成本 $C_1 = 5$、$C_2 = 6$。在模拟仿真过程中，博弈参数的设计符合推论中部分条件。

（二）仿真结果分析

1. 博弈系统对于压力系数 μ_i 的敏感性分析

根据图 4-9 和图 4-10 可知，压力系数对企业 A 和企业 B 知识共享行为决策有直接影响。在现实中，知识溢出无法避免，双方都会面临其带来的压力，规避这种压力最好的办法就是隐藏，且可能在合作中收益，为此，投机就变为一种“聪明”的策略，这种聪明都是企业与生俱来的。溢出的知识总会令一方受益，短时间内实现了知识的交融，但从长远来看，企业都将不会共享知识，不利于产业集群创新升级。从仿真的结果来看，当企业 A 和企业 B 面临的知识溢出损失压力不断增大时，企业将不会采取知识共享策略。在现实中，企业规模、经营能力以及知识存量不同，在知识共享过程中处于知识势差弱势企业更加惧怕合作方的投机行为，因此在合作中更加需要知识保护；同时，虽然知识势差强势企业也担心知识共享过程知识溢出带来不可挽回的损失，特别是拥有的知识量大，但是创新性有限，容易被学习和模仿时，无论企业 A 和企业 B 都会采取聪明策略。因此，双方合作矛盾重重。鉴于此，政府部门对于知识产权的保护政策不能放松，同时，应该激励产业集群内企业通过第三方专业机构协调矛盾和利益冲突，从知识共享流程中降低知识溢出风险，保护双方利益。另外，政府部门应该加强健全知识产权法律制度，降低企业投机行为动机，从而保护知识拥有方的利益。当然，最为关键的是激励合作双方共同创新，能够产生出共有的 know-how 知识，并转化为企业核心竞争力。

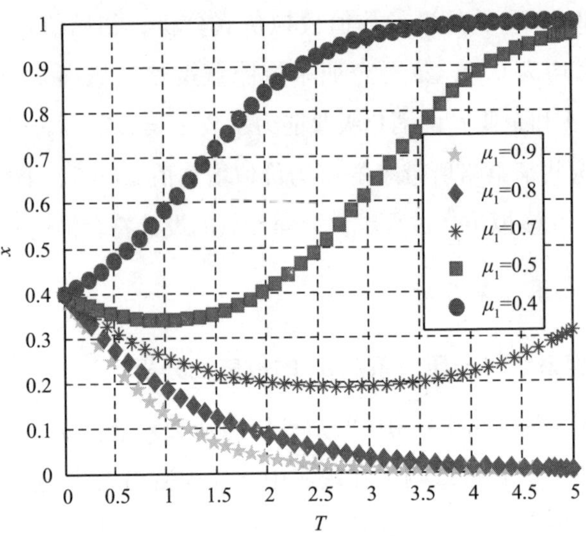

图 4-9　μ_1 对于企业 *A* 决策的影响

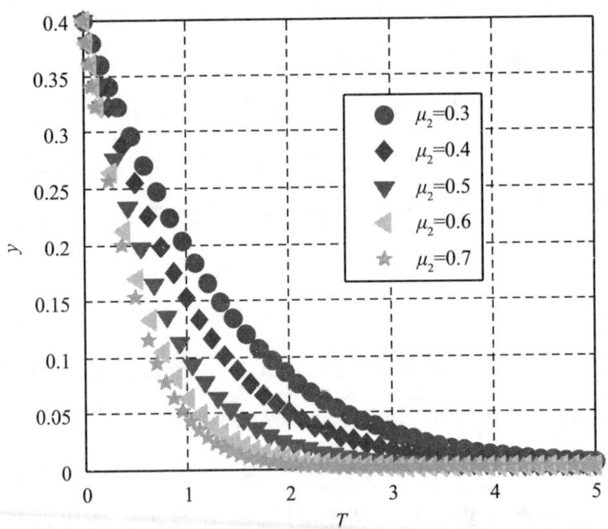

图 4-10　μ_2 对于企业 *B* 决策的影响

2. 博弈主体对消化吸收能力系数 λ_i 的敏感性分析

根据图 4-11 和图 4-12 可知，企业对知识吸收消化能力直接影响其策略选择。当产业集群内企业的消化吸收能力都较差时，企业双方都不愿意采取知识共享策略，例如，当 $\lambda_1=1.2$、$\lambda_2=1$ 时，此时系统收敛于 $O(0,\ 0)$。当企业知识消化吸收能力越强时，产业集群内企业采取知识共享策略的比例将会增大，最终收敛于点 $D(1,\ 1)$。从产业集群创新升级过程来看，共享知识量越大，知识势差越小越互补，企业消化吸收的情况越好。在实际知识共享过程中，由于信息不对称，合作双方难以掌握对方知识拥有量以及互补情况准确信息，因此，知识共享的搜索成本过高也是阻碍产业集群内企业知识共享的重要因素。为此，产业集群应该发挥产业联盟联动作用，搭建知识共享评估和合作平台，降低企业知识共享的搜索成本，促进集群内企业开展合作，促进创新资源要素流动，最终实现产业集群创新升级。

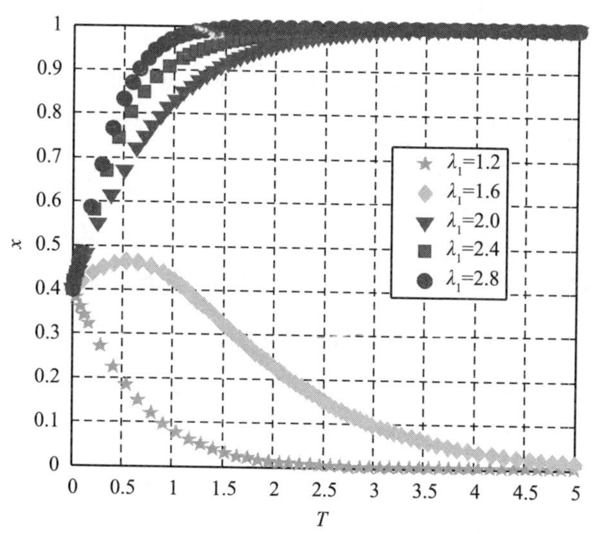

图4-11　系数 λ_1 对于企业 A 决策的影响

3. 博弈系统对市场价值增加值 ΔI 的敏感性分析

从图4-13和图4-14可知，知识共享行为带来的市场价值增值对于集群企业的决策至关重要。知识共享行为带来的市场价值增值越大双方最终都将采取知识共享策略，博弈系统最终收敛于点 $D(1,\ 1)$。

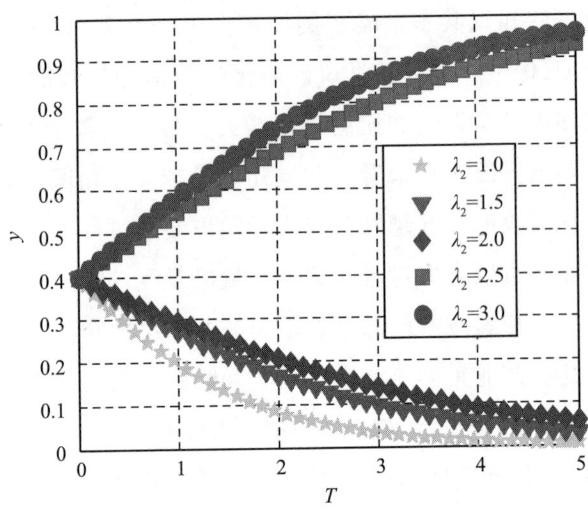

图 4－12　系数 λ_2 对于企业 B 决策的影响

知识共享最终创造价值需要企业共享 know-how 知识，但 know-how 知识一般涉及企业的核心机密，是技术应用价值提升的关键所在，双方共享 know-how 知识的量是决定双方合作最终创造的价值的关键，因此，企业很难以合作的方式完成知识共享。为了获取 know-how 知识，企业通常都是采取收购、并购等方式。收购或者并购的方式固然能够获取对方的 know-how 知识的，但是成本高、周期长、风险大，并不是一种高效低风险的方式。针对此难题，本书认为在知识共享合作过程中，可以委托专业的第三方协调 know-how 转移价值，包括评估、转移方案等。另外，本书认为在交易合同中必须包含一个专利税或产品提成的条款，依靠此条款来激励技术持有方转让 know-how。

4. 博弈系统对知识共享成本 C_i 的敏感性分析

从图 4－15 和图 4－16 中可知，企业知识共享的成本越高，企业采取知识共享行为的比例会不断下降，直至收敛于点 $O(0,\ 0)$，这显然不利于产业集群创新升级。现实中，在市场环境下，产业集群内企业知识共享的动力严重不足，产业集群内部创新要素流通障碍较大，

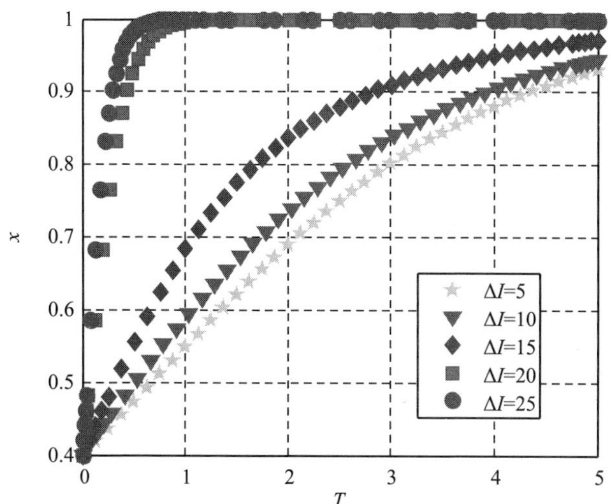

图 4-13　增加值 ΔI 对企业 B 决策的影响

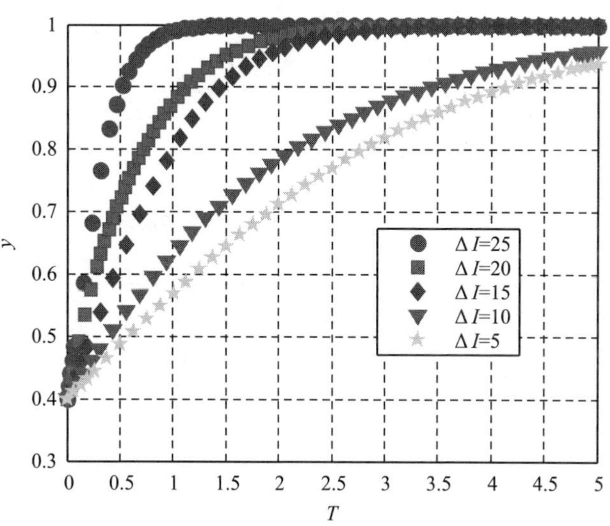

图 4-14　增加值 ΔI 对企业 A 决策的影响

一方面是由于知识共享需要支付合作伙伴搜索成本、交易成本等，另一方面是在现有的知识产权保护制度下，知识溢出风险过大，企业很有可能在合作途中失败，且导致知识溢出，这些都导致在市场机制下集群企业难以知识共享，产业集群创新升级难以实现。产业集群知识要素的流动必须要有政府的激励措施进行引导，单纯依赖市场环境下自动演化，速度较慢，且最终效果具有很多不确定性，可能让中国产业集群无法摆脱全球价值链的低端锁定，为此，政府部门应该在知识产权保护制度、创新激励机制、产学研合作方面不断优化制度，充分发挥市场创新资源，为产业集群升级创造良好的环境。

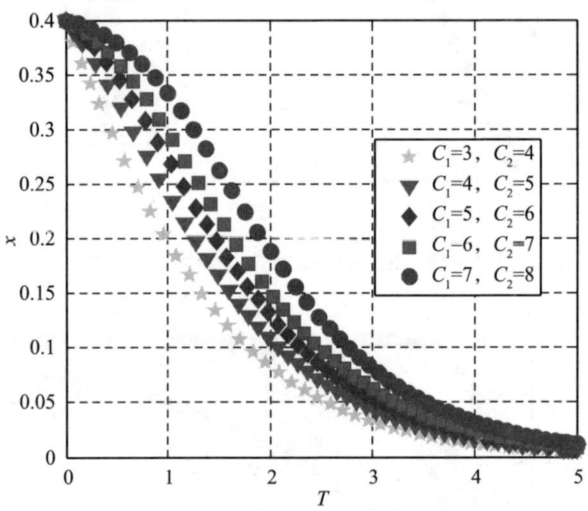

图 4-15　C_i 对于企业 *A* 决策的影响

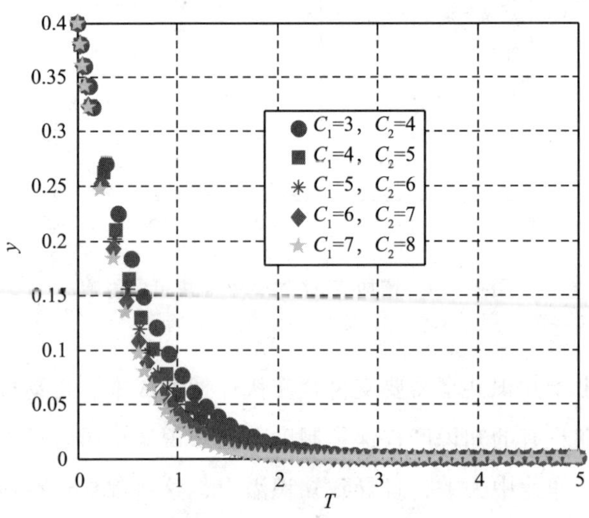

图 4-16　C_i 对于企业 *B* 决策的影响

第四节　产业集群协同创新知识共享博弈研究

一、博弈模型的构建

集群企业在新发展格局下，不仅需要面对外来创新资源受限，原有创新知识供给断裂的风险，还需要面对国内市场产能过剩，消费需求升级的专项挑战，应对风险与危机的最有效方式就是创新。在当前知识经济时代，依赖自身创新资源，企业往往难以在激烈的市场竞争中赢得创新竞争，从而失去市场地位和市场份额。显然，与企业、高校和科研院所进行协同创新合作是最有效的创新模式，但由于知识共享市场机制的不完备，协同创新虽然能够降低研发风险和研发成本，但是很多企业担心知识外溢，特别是在与企业合作创新中，一旦核心知识外溢，可能给企业带来无法挽回的损失，为此，企业间协同创新过程中，双方会互相设置障碍，导致双方知识共享合作处处受阻，常常陷入“囚徒困境”。企业还可以选择与高校、科研院所（学研方）进行合作，与学研方进行合作的优势体现可以增强知识资源交流获得更好的收益。企业虽然可能知识溢出风险较小，但是企业需要独立承担高昂的研发费用，且需要支付高昂的搜索成本，才能觅得合适的合作伙伴。正是由于企业间协同创新的困境，导致学研方创新资源同时被多个企业分割，再加上创新资源发展不充分、不平衡问题，导致产学研合作创新效率较低。为此，整体来看，集群企业协同创新面临多种困境，但从其本质来看，在知识共享过程中，同为集群企业需要分析市场竞争对手的策略选择，从而进行知识共享行为决策。同时，其竞争对手也会观测其知识共享策略选择，进而决定自身的策略选择，双方在此过程中不断试探和调整策略，从而形成动态博弈。根据上述背景和分析，研究假设如下：

假设4.11：在市场机制下，在产业集群协同创新联盟潜在参与者中存在两个群体，群体1和群体2。群体1和群体2的差异主要体现在创新知识存量上，假设群体1由创新资源较多、知识存量较大的企业组成，而群体2由知识存量较小的企业组成。从群体1中随机抽取的企业称为企业A，从群体2中随机抽取的企业称为企业B。因此所进行的博弈属非对称博弈，二者的非对称性将直接导致博弈支付的不同和均衡的非对称性。

假设4.12：假设集群企业协同创新中的实施企业均是有限理性，在协同创新中知识共享决策是在不完全信息条件下进行。为此，集群企业之间协同创新知识共享博弈是在不完全信息条件下进行，不可能在每一次博弈中都能找到最优的均衡点，企业协同创新中知识共享策略的选择是经过长期反复博弈活动学习的结果。

假设4.13：集群企业都有依赖知识资源创新升级的内在动力，不会闲置创新知识资源。集群企业可以选择与企业或学研方进行开展合作，组成协同创新联盟，通过知识共享实现知识创造，从而提升企业竞争力；企业也可以选择不与他方（其他企业和学研方）合作，进行知识隐藏，立足自身创新资源进行自主创新。因此，集群企业的策略选择可以简化为两种：协同创新（S_1）和独自创新（S_2）。企业策略选择是通过观察其他企业的行为并考虑在群体中的相对适应性而自行演化。群体1中的企业选择策略S_1的概率为x，选择策略S_1的概率则为$1-x$；群体2中的企业选择策略S_1的概率为y，选择策略S_2的概率则为$1-y$。

假设4.14：企业知识存量大小直接影响其在协同创新合作中的收益和成本分配。假设企业A拥有的创新知识存量所占份额比例ψ，则企业B所占比例为$1-\psi$，$0.5<\psi<1$。

假设4.15：企业A和企业B所需质量技术基本为同质技术，创新投入成本无差异。企业A和企业B由于生产能力、工艺流程差异，对于质量技术需求完全不可能完全相同，但对于企业 A 和企业 B 来讲，通过策略 S_1 进行协同创新主要是通过加强企业知识和他方（其他企业和学研方）知识交流实现，通过策略 S_2 主要是依赖于企业内部知识流动和交互实现独自创新，都能达到提升质量技术能力、节约成本、增强企业竞争力的目的。假设企业 A 和企业 B 生产同质产品，创新市场的总价值为 R，创新投入成本无差异，投入成本均为 I。

假设 4.16：产学研协同创新相较于企业间协同创新存在额外研发成本。企业作为创新市场主体，集群企业间合作具有搜索成本低、知识交流障碍少等优点。集群企业协同创新能够降低研发风险，分担研发成本。当企业间不合作，与学研方进行合作时，需要支付该学研方的研发成本为 I_u，企业间合作节约的研发成本为 I_e，令 $\Delta I = I_u - I_e$，ΔI 为产学研协同创新理论支付，即产学研协同创新额外研发成本（简称 I－U－R 额外成本）。集群企业间无合作时，通过产学研协同创新对独自创新在市场上能够获得额外收益，设为 Δr。

假设 4.17：集群企业间合作创新和产学研协同创新成功的概率无明显差异。在协同创新中，由于创新主体知识资源进一步集中、交流和交互，各方进行吸收内化后，容易出现知识创造，设为 p_1；企业独自创新，由于只有自身知识内部流动、交互，创新成功的概率为 p_2。根据资源互补理论，协同创新比独自创新成功的概率更高，因此，令 $p = p_1 - p_2$，称 p 为协同优势概率，且 $0 < p < 1$。

二、稳定性分析

（一）复制动态方程

由假设条件可知，群体 1 和群体 2 中的企业都面临两种策略选择，即知识共享和知识隐藏。因此，在不同群体中的企业随机配对进行博弈的过程中，将会出现四种策略组合。

(1) 企业 A 和企业 B 的组合策略为 $\{S_1, S_1\}$ 时，双方都选择知识共享策略。此时，企业 A 和企业 B 都希望参与协同创新，共享知识，在该策略组合下，企业 A 和企业 B 的收益分别为 $\psi p_1R-\psi I$，$(1-\psi)p_1R-(1-\psi)I$。

(2) 企业 A 和企业 B 的组合策略为 $\{S_1, S_2\}$ 时，由于只有企业 A 选择了知识共享，而企业 B 选择了知识隐藏，显然企业间无法开展知识共享合作，企业 A 此时只能与学研方进行协同创新，实施知识共享。在该策略组合下，企业 A 和企业 B 的收益分别为 $\psi p_1R-I+\Delta r-\Delta I$，$(1-\psi)p_2R-I-\Delta r$。

(3) 企业 A 和企业 B 的组合策略为 $\{S_2, S_1\}$ 时，和组合策略 $\{S_1, S_2\}$ 的情况类似。在该策略组合下，企业 A 和企业 B 的收益分别为 $\psi p_2R-I-\Delta r$，$(1-\psi)p_1R-I+\Delta r-\Delta I$。

(4) 企业 A 和企业 B 的组合策略为 $\{S_2, S_2\}$ 时，双方都选择知识隐藏，不与他方开展知识交流和合作，独自创新，主要依赖于企业内部知识进行创新活动。在此策略下，企业 A 和企业 B 在此组合策略下的收益分别为 ψp_2R-I，$(1-\psi)p_2R-I$。

根据上述策略组合分析可知，集群企业协同创新中知识共享博弈系统的收益矩阵如表 4-7 所示。

表 4-7　集群企业协同创新中知识共享的博弈收益矩阵

策略选择		企业 B	
		协同创新（S_1）	独自创新（S_2）
企业 A	协同创新（S_1）	$\psi p_1R-\psi I$，$(1-\psi)p_1R-(1-\psi)I$	$\psi p_1R-I+\Delta r-\Delta I$，$(1-\psi)p_2R-I-\Delta r$
	独自创新（S_2）	$\psi p_2R-I-\Delta r$，$(1-\psi)p_1R-I+\Delta r-\Delta I$	ψp_2R-I，$(1-\psi)p_2R-I$

由表 4-7 的收益矩阵可知，集群企业协同创新中知识共享策略

的适应度为：

$$\left.\begin{aligned} U_{A1} &= y(\psi p_1 R - \psi I) + (1-y)(\psi p_1 R - I + \Delta r - \Delta I) \\ U_{A2} &= y(\psi p_2 R - I - \Delta r) + (1-y)(\psi p_2 R - I) \\ \bar{U}_A &= xU_{A1} + (1-x)U_{A2} \end{aligned}\right\} \quad (4-11)$$

$$\left.\begin{aligned} U_{B1} &= x((1-\psi)p_1 R - (1-\psi)I) + (1-x)((1-\psi)p_1 R - I + \Delta r - \Delta I) \\ U_{B2} &= x((1-\psi)p_2 R - I - \Delta r) + (1-x)((1-\psi)p_2 R - I) \\ \bar{U}_B &= yU_{B1} + (1-y)U_{B2} \end{aligned}\right\} \quad (4-12)$$

由此得到企业 A 采取知识共享策略的复制动态方程为：

$$F(x) = \frac{\mathrm{d}x}{\mathrm{d}t} = x(1-x)[((1-\psi)I + \Delta I)y + \psi p_1 R - \psi p_2 R + \Delta r - \Delta I] \quad (4-13)$$

同理可得，企业 B 采取知识共享策略的复制动态方程为：

$$G(y) = \frac{\mathrm{d}y}{\mathrm{d}t} = y(1-y)[(\psi I + \Delta I)x + (1-\psi)(p_1 - p_2)R + \Delta r - \Delta I] \quad (4-14)$$

根据假设有 $p = p_1 - p_2$，因此，式（4-13）和式（4-14）可以简化为：

$$\frac{\mathrm{d}x}{\mathrm{d}t} = x(1-x)[((1-\psi)I + \Delta I)y + \psi pR + \Delta r - \Delta I] \quad (4-15)$$

$$\frac{\mathrm{d}y}{\mathrm{d}t} = y(1-y)[(\psi I + \Delta I)x + (1-\psi)pR + \Delta r - \Delta I] \quad (4-16)$$

令 $\frac{\mathrm{d}x}{\mathrm{d}t} = 0$，$\frac{\mathrm{d}y}{\mathrm{d}t} = 0$，可得到演化博弈的均衡点 $O(0, 0)$、$M(1, 0)$、$N(0, 1)$、$D(1, 1)$ 和 $H(x^*, y^*)$ $\left(x^* = \frac{\Delta I - (\psi - 1)pR - \Delta r}{(\psi I + \Delta I)}, y^* = \frac{\Delta I - \psi pR - \Delta r}{((1-\psi)I + \Delta I)}\right)$ 5 个局部均衡点。

（二）稳定性分析

按照弗里德曼提出的方法，微分方程系统的演化稳定策略（ESS）可由该系统的雅可比矩阵的局部稳定性分析得到。由式（4-15）和式（4-16）构成方程组，其雅可比矩阵为：

$$J=\begin{bmatrix}(1-2x)(((1-\psi)I+\Delta I)y+\psi pR+\Delta r-\Delta I) & x(1-x)((1-\psi)I+\Delta I)\\ y(1-y)(\psi I+\Delta I) & (1-2y)((\psi I+\Delta I)x+(1-\psi)pR+\Delta r-\Delta I)\end{bmatrix} \quad (4-17)$$

J 的行列式的值计算式为：$\det J=\frac{\partial F(x)}{\partial x}\frac{\partial G(y)}{\partial y}-\frac{\partial F(x)}{\partial y}\frac{\partial G(y)}{\partial x}$，$J$ 的迹为：$\mathrm{tr}J=\frac{\partial F(x)}{\partial x}+\frac{\partial G(y)}{\partial y}$，当平衡点使得 $\det J>0$ 且 $\mathrm{tr}J<0$ 时，平衡点就处于局部稳定状态，ESS 稳定。按照弗里德曼提出的方法，以此为判定依据得出稳定点及其所对应系统演化状态的推论。各均衡点雅可比矩阵的行列式和迹如表 4-8 所示。

表 4-8 平衡点稳定性分析

平衡点	$\det J$	$\mathrm{tr}J$
O（0，0）	$t\times s$	$t+s$
M（1，0）	$-t\times h$	$-t+h$
N（0，1）	$l\cdot(-1)s$	$l-s$
D（1，1）	$-l\times(-s)$	$-l-s$

注：$t=\psi pR+\Delta r-\Delta I$，$s=(1-\psi)pR+\Delta r-\Delta I$，$h=(1-\psi)pR+\Delta r+\psi I$，$l=\psi pR+\Delta r+(1-\psi)I$.

要确保所构建协同创新中知识共享演化博弈有意义，博弈系统中任何一点必然落在演化域内，即有 $x^*=\frac{\Delta I-(\psi-1)pR-\Delta r}{(\psi I+\Delta I)}>0$，$y^*=$

$\frac{\Delta I-\psi pR-\Delta r}{(1-\psi)I+\Delta I}>0$，显然可以得到 $\Delta I-(\psi-1)pR-\Delta r>0$，且 $\Delta I-\psi pR-\Delta r>0$。根据表 4-9 可以明显看出，平衡点为 ESS 稳定点的条件与 t、s、h 和 l 的正负关系有关，显然有 $l>0$、$h>0$，且 $s<0$、$t<0$。因此，在此条件下分析协同创新系统各均衡点处稳定性的状态具体如表 4-9 所示。

表 4-9　演化博弈系统平衡点稳定性分析

平衡点	条件	det*J* 符号	tr*J* 符号	结论	相位图
O（0，0）	$t<0$	+	-	稳定点	图 4-17
M（1，0）	$s<0$	+	+	不稳定点	
N（0，1）	$h>0$	+	+	不稳定点	
D（1，1）	$l>0$	+	-	稳定点	

需要指出的是系统从不稳定点逐渐向稳定点 ESS 演化，由于协同创新中知识共享博弈系统的演化是一个漫长的过程，在很长一段时间内该系统可能保持协同创新和独自创新的共存局面。根据系统演化图 4-17 可知，当 $\psi pR+\Delta r<\Delta I$，且 $(1-\psi)R+\Delta r<\Delta I$ 时，点 $O(0,\ 0)$ 和点 $D(1,\ 1)$ 是系统的演化稳定点。当 H 点初始在 $NHMO$ 区域内时，企业 A 和企业 B 由于经济利益趋向性，经多次反复博弈后，都将采取隐藏知识进行独自创新的策略，即使初始状态时群体中有部分企业已经采用知识共享策略，但由于经济效益不佳，这部分集群企业将会转而采用知识隐藏策略。当 H 点初始在 $NHMD$ 区域内时，初始群体中采用知识隐藏策略的企业都会逐渐转化采用知识共享策略，最后所有的企业都采纳知识共享策略，于是实现多方协同创新。由于初始状态时企业选择知识共享策略的比例较低，从而系统自动演化到稳定点 $O(0,\ 0)$，这也符合现实中很多企业的策略选择，不愿意进行知识共享，特别是在知识产权市场机制不完善的背

景下，知识溢出风险较高，企业都期待对方先采取行动，自身再进行投机取巧，这样的行为动机最终导致整个社会都难以形成知识共享良好环境，协同创新合作机制无法得到有效推行，创新必然陷入困境。

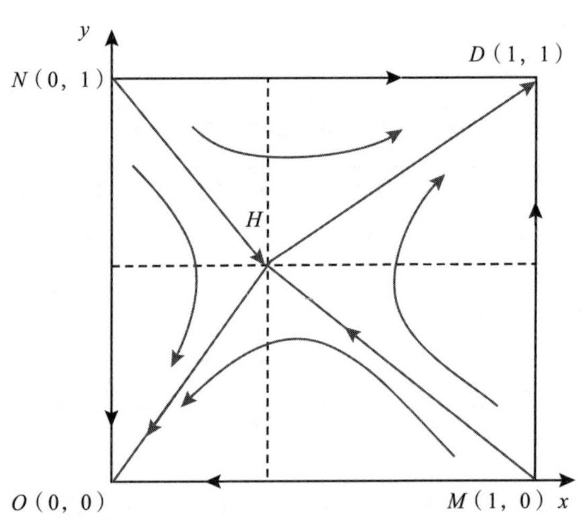

图 4-17　协同创新中知识共享博弈系统演化

三、数值仿真分析

根据协同创新中知识共享复制动态方程组和相位图 4-17 可知，博弈系统最终的演化结果受到创新成本投入、额外收益、协同额外成本等参数的影响，为了更加明晰各参数的影响机理，本小节借助 Matlab 软件进行采用数值模拟仿真分析：考察在改变创新系统初始变量的情况下，模拟博弈双方在合作策略上的变动，以验证和分析演化均衡的稳定性。由于企业对合作中知识共享的价值和意义的认识是逐渐深化的，因此，假设 x、y 的初始值均为 0.3，优势概率 $p=0.3$，创新市场的总价值 $R=4$，创新成本投入 $I=1$，产学研协同额外成本 $\Delta I=1.8$，额外收益 $\Delta r=0.4$，利益分配系数 $\psi=0.6$。

1. 博弈双方对创新成本投入 I 变化的敏感性分析

根据模拟仿真的结果来看（见图 4－18 和图 4－19），当创新成本投入较小时，群体 1 和群体 2 中的企业都有采取知识共享策略的动力，所占比例会显著提高，但随着知识共享成本的提高，群体 1 和群体 2 中的企业将不会采取知识共享策略，协同创新将会难以为继。显然，投入成本是影响企业知识共享决策的重要因素，会直接影响博弈系统最终演化的方向。

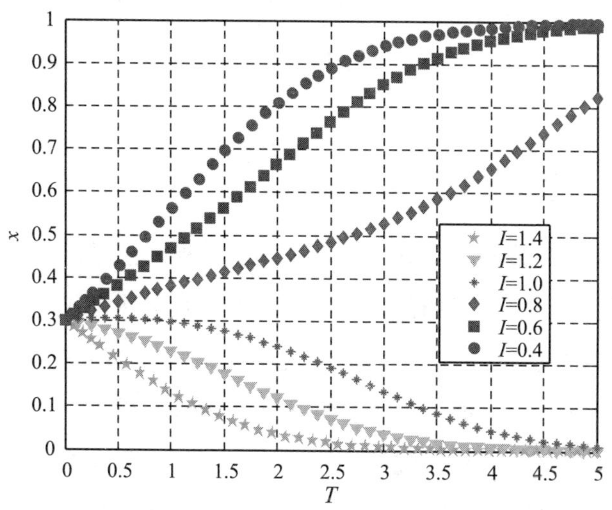

图 4－18　投入成本 I 对于企业 A 决策的影响

在现实中，集群企业创新投入成本通常包含研发成本、研发组织成本、搜索成本、时间成本和机会成本等。企业与他方进行知识共享，建立协同创新联盟需要一个长期的循序渐进的资金投入，并非一次性投入就能完成的，研发知识共享过程需要长期的交流、消化和转化，才能最终实现创新，在这个过程中不仅研发方面需要巨大的投入，创新产品生产、品牌设计和营销推广等方面也需要大量的资金投入。因此，集群企业往往很难凭借企业自身的资金、知识和营销资源完成创新并投入应用。我国地方财政对于企业创新有专项资金支持，

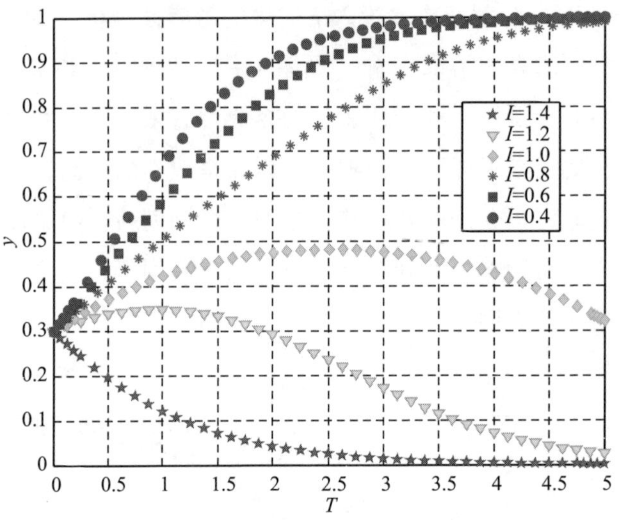

图 4-19　投入成本 I 对于企业 B 决策的影响

可以依赖国家政策解决部分研发资金问题，但无法破除个体创新创新资源不足的问题。正因如此，我国更多财政政策明确支持产学研协同创新，而专门支持企业独自创新的政策较少。产学研协同创新资金支持政策的实施，一方面是为了降低企业研发成本投入，另一方面是为了促进企业与高校、科研院校等开展协同创新。但政府支持资金一方面受到种种条件限制，难以申请获得；另一方面资金应用有相应规定控制，存在一定的局限性。在此过程中，企业往往与学研方进行知识交流过程中存在较多困难，知识转化应用时间较长、成本较高。如果长期合作中，双方知识流动顺畅，创新成果可能就有较高价值，往往能够助力企业突破产业核心技术，成为领军企业，获得超额利润。总体来看，企业与学研方进行协同创新需要支付额外的成本，独立承担研发风险，但也能够获得额外的收益。

集群企业间协同创新知识共享，也是集群企业分担研发成本、降低研发风险的重要方式，可以降低诸如技术搜寻成本、研发组织成本及试销成本等成本。这主要是由于企业间知识相近，相较于一般产学研合作容易实现知识交互和流动，知识转化应用较为容易，加强合作就可以实现知识共享，降低研发成本，减少创新风险，提升创新成功的概率，这有利于企业利润的积累，为今后的创新奠定更坚实的资金基础。

总体来看，集群企业无论是和学研方签订合作协议，还是与其他企业签订合作协议，合作契约关系都能够更好地避免对方搭便车和投机行为，合作协议使合作方共同进行创新资源投入，形成了一种相互抵押的激励机制，迫使合作企业按照事先商定的协议规范自己的行为，从而降低了交易成本。企业在协同创新中采取知识共享决策，通过加强知识流动和交互能够实现提升质量技术能力，增强企业自身竞争力的目的，对于企业来讲都是当前双循环发展格局下的合理选择。

2. 博弈双方对产学研协同额外成本投入 ΔI 的敏感性分析

由图 4－20 和图 4－21 可知，当企业间不存在合作关系、集群企业与学研方进行协同创新时，产学研协同额外成本 ΔI 将影响企业方和学研方的策略选择。如果产学研协同额外成本过高时，企业将不会与学研方进行合作，此时，企业将会选择策略 S_2，为此，博弈系统将收敛于 $O(0, 0)$。

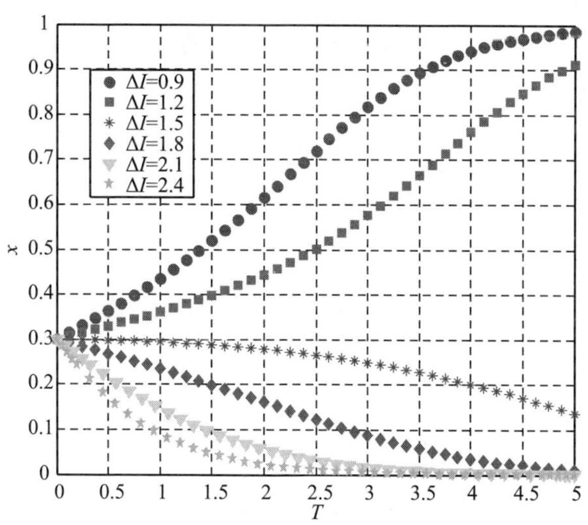

图 4－20　产学研协同额外成本 ΔI 对于企业 A 决策的影响

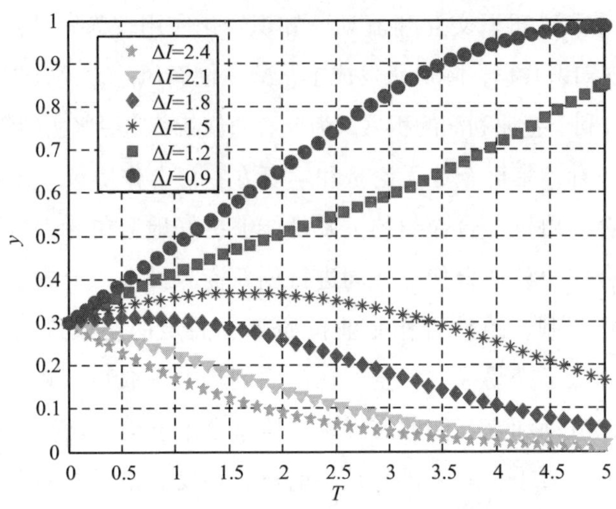

图 4－21　产学研协同额外成本 ΔI 对于企业 B 决策的影响

按照企业创新成本组成来看，通常集群企业与产学研合作需要独自承担绝大部分研发成本，企业间合作能够分担研发成本，相较于企业间协同创新知识共享而言，其需要承担额外成本而具有较低的知识溢出风险，获得的创新性收益也不需要与其他企业进行分担。集群企业不仅关注研发成本，更加关注创新市场收益，而创新产品未来市场收益具有不确定性，协同创新并不能降低未来市场变化带来的风险，在知识经济时代，创新越来越多地呈现出高投入、高风险的特征，这对于风险承受能力有限、资金实力较弱的大部分企业和学研方而言难以承受，总体来看，企业和学研方在协同创新知识共享过程中容易受到创新成本的影响。因此，对于政府部门来讲，构建产学研知识共享平台、科技企业孵化器，降低企业协同创新搜索成本和知识共享机会成本，促进教学、生产和前沿理论研究交叉融合，提高高校、科研机构知识转化效率，进而缩短企业创新投入周期，降低合作风险，是双循环发展格局构建中的重要内容。

3. 博弈双方对协同优势概率 *p* 的敏感性分析

根据图 4－22 和图 4－23 可知，协同优势概率越高企业开展协同创新进行知识共享的概率越大。优势概率越大意味着在创新过程中双方（企业间或者产学研间）资源互补优势明显，企业双方知识资源共享、交流和交互的意愿强烈。虽然协同创新具有明显优势，但现实企业开展协同创新比例不高，除了研发成本、知识溢出风险以及未来市场收益不确定等因素外，还受限于合作方的领导能力、合作意识、利润风险机制和风险分担机制等因素的影响。从协同创新知识共享的过程来看，无论是与企业还是与学研方合作，在知识共享初期，涉及研发成本和风险分担的问题，需要建立研发成本和风险分担；在知识共享过程中，作为有限理性人，无论是企业合作还是产学研合作，各方都有投机和“搭便车”的动机，总是期待自身利益最大化，可能消极合作，知识交互质量有限，导致合作周期拉长，甚至最终不欢而散。在知识转化应用市场时，合作方之间又面临知识产权分配，利润分配问题，且知识共享过程中双方贡献难以量化，测算双方绩效和贡献存在很多困难，多数利益分享机制都无法确保双方满意，双方都有这种认识和博弈经历，为此，双方在合作过程中就会设置障碍，确保自身利益最大化，从而导致协同创新中知识共享困难重重。

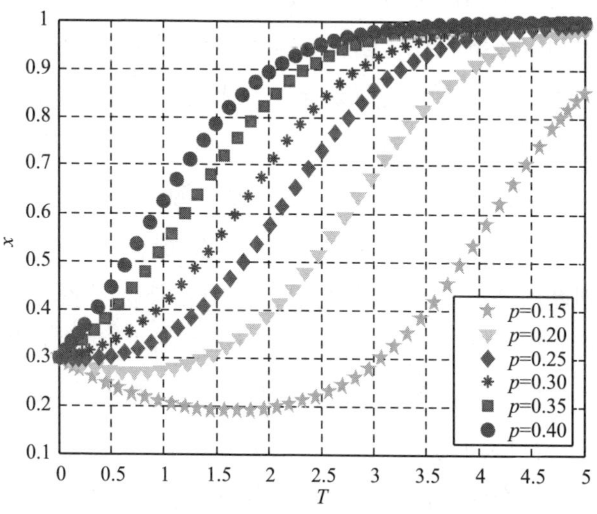

图 4－22 协同优势概率 p 对企业 A 创新决策的影响

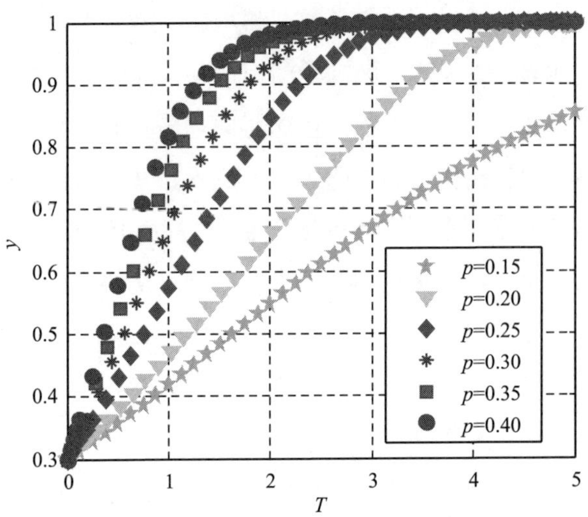

图 4-23　协同优势概率 p 对企业 B 创新决策的影响

经过40多年的改革开放，企业在发展过程中都积累的大量的资源，包括销售、资金、知识人才等创新资源，但大部分创新资源都因为激励机制问题没有得到有效开发，因此，很多专家学者专注于研究企业内部知识网络的优化。显然，企业内部知识网络的优化能够助力企业升级发展，但不能忽略外部创新资源和内部创新资源的交互和流动，特别是知识经济时代，创新所需要的知识量和资源单个企业无法有效供给。集群企业在协同创新合作中把能力闲置和资源过剩有机结合起来，激发企业创新资源在协同创新中的效能，产生"协同经济"，为合作双方提供更好的收益。按照资源优势理论，不同企业具有不同的禀赋，企业之间协同一方面可以实现资源共享、知识交互，降低企业创新成本；另一方面由于合作中互补优势资源，从而形成"1+1>2"的功能放大作用，产生"协同剩余"效应，能够帮助企业获得更高的经济效益和社会效益。很多专家认为，"协同剩余"是企业与各方进行协同创新合作的直接动力。

总体来看，产业集群企业协同创新知识共享受到多种因素的共同影响，因素之间关系呈现高维度、非线性特征，单纯依赖企业内部力量和市场机制难以实现创新网络的优化，产业集群质量的提升仍然需要强有力的政府辅助，需要政府完善知识产权市场机制，加强产学研协同创新激励制度建设，创新市场机制，激发中介机构、金融机构和其他利益相关主体参与协同创新，共享自身创新资源和知识，从而实现科技自立自强的战略目标。

第五章 全球产业集群质量升级路径经验借鉴

本章将分析美国、德国、日本三个国家以装备制造为代表的高端制造业的发展经验以及给中国装备制造业升级发展带来的启示和借鉴。这三个国家在当今世界高端制造领域均属于顶尖水平，其产业发展基础各不相同，产业发展实践也具有各自不同的特征。

第一节　美国制造业产业升级路径及经验借鉴

回顾美国制造业的发展历程和结构变迁发现：1948～2018年这70年间美国制造业不断分化、升级和外迁，低端制造业不断外迁，而以装备制造为代表的高端制造不断升级，在美国经济社会中的作用越来越重要。高端制造业不仅帮助美国在国际分工中牢牢掌握了话语权，还使得美国在全球价值链治理中处于领导地位，支配着国际高端制造要素的流动，使得美国经济一直处于世界领先地位。具体体现在：第一，1948～2018年的70年间以装备制造为代表的高端制造业占美国GDP的比重不断上升（虽然美国政府在2008年以后一直倡导“制造业回流”，但实际美国的高端制造业一直扎根在美国）；第二，以装备制造为代表的高端制造业吸纳就业人数不断上升（美国高端制造业为美国吸引力全球人才，使得全球智力资源长期以美国为中心进行汇聚，因此美国企业的创新能力和盈利能力一直领先于其他国家）；第三，以装备制造为代表的高端制造业的商业授权和知识产权收入不断增加，典型的代表有美国的苹果、高通和亚马逊等，每年通过专利授权就能获得巨额利润，在手机芯片领域，高通公司仅2016年就获利接近77亿美元；第四，美国以装备制造为代表的高端制造业在全球价值链中高附加值环节所占的比重不断上升。几十年来，美国高端装备制造业企业重视研发创新，引领产业方向，美国政府注重为产业技术创新营造公平公正的社会环境，严格保护知识产权和企业由于进行创新活动而取得的激励性收入，从而走出了一条“研发创新—成果转化—引领市场”的产业升级道路，产品附加值不断提高，使其以装备制造为代表的尖端制造处于绝对领先水平。其具体经验如下：

一、重视企业创新和知识产权保护

创新是引领发展的第一动力，保护知识产权就是保护创新。美国政府早在20世纪中叶就开始逐步建立完善的知识创新保护机制和创新激励机制。美国以装备制造为代表的尖端制造升级的过程离不开持续的创新和创新成果保护。自20世纪六七十年代以来为了推动企业的创新活动，增强知识产权保护，加速科研成果转化，美国联邦政府相继出台了一系列加强知识产权保护和支持创新成果商业化的法案，如美国《知识产权保护法》《技术转让商业法》《国家技术转让与促进法》等。这些法案的出台不仅极大地激励了发明者，还为创新成果市场化转化提供了良好的环境，进而使得创新生态系统和市场消费系统实现了有利对接。同时，美国政府还十分重视创新源的培养和挖掘。为了支持企业创新，美国充分发挥自身拥有全球最优质教育体系和研发环境的优势，高校、政府、企业之间相互合作，美国政府推出创新网络计划，将高校科研与企业生产经营活动联系起来。高效的创新资源和企业创新资源在此期间形成了交互，不仅有利于知识创造，还有利于企业培育创新型人才，储备了创新基础要素。同时，大企业下设研发机构，企业为高校科学研究提供商业赞助和资金支持，研发机构致力于为企业解决技术难题，使得美国的创新资源之间形成了有效的交互，产学研生态系统逐步完善，这些都为美国高端制造业创新发展提供了关键支持。

我国产业集群普遍都面临创新能力不足的问题，正在致力于产品开发设计的企业数量偏少。这种现象形成的主要原因之一就是我国知识产权保护制度存在一定的不足，企业不愿意承担风险进行创新，更愿意等待他人创新后，利用知识产权保护制度的漏洞，进行抄袭或者剽窃行为；即使企业在与高校合作创新过程中，企业也总是期待“搭便车”，创新成果知识产权最终所属容易发生纠纷。为此，政府部门应该加强知识产权管理，提高企业侵权成本，同时，制定激励机制引导企业积极开展创新活动。在“十四五”规划中，创新联合体机制的设立，进一步确立了企业创新主体地位，将有利于隐形冠军企业、龙头企业和供应链核心企业参与国家重大科技攻关项目，也有利于整合高校、科研院所、中介机构和金融机构多方资源，这显然有利于提升我国产业集群整体质量。创新联合体整体绩效受到知识产权保护制度的影响，我国应该更加注重知识产权制度的完善和改进，配合创新联合体的形成、演化和升级。

二、强力的创新研发投入金融支持

创新活动不仅需要有充足的人才参与，还需要长期巨额资金的支持和保障。企业在生产经营过程中对于创新的不确定性收益充满向往，但与此同时也畏惧于创新的风险，为此，创新活动需要政府的支持和引导。2008～2018 年的 10 年间，美国政府在高端制造人才培养的人均投入、高端制造类科研成果的研发投入、高端制造科技公司所获得的资本投入均高居世界第一位。此外，美国政府还注重对高端制造行业内的中小企业进行资金扶持，20 世纪 70 年代以来，美国政府开始从财政系统中划分款项进行中小企业创新项目的专款专用，扶持中小制造业企业发展。美国政府对于制造业的金融支持政策，特别是创新项目的支持政策类型多、条目清晰，基本实现了精细化的支持体现。

美国政府在高端制造方面的金融支持对其产业集群的高质量发展起到了关键性作用，产业集群牢牢掌握了全球价值链中高端环节，在全球市场中获得超额利润，为美国政府提供了高额的税收，同时又支持了美国产业集群的创新发展，从而形成了良性循环发展。我国产业集群能够得到了金融支持十分有限，一方面创新研发资金的获取没有相应的专项资金支持，另一方面获得创新的低息贷款通常需要通过严格的审批。产业集群中的中小企业难以获得资金支持，而通常中小企业极具创新精神，也具有创新动力，但受限于金融支持制度，中小企业的创新潜力没有得到充分释放。为此，我国政府部门应该借鉴美国经验，创新金融支持制度。

三、创立高端制造企业孵化器

美国自 20 世纪 70 年代初开始成立高端制造科技企业孵化器，为高端制造的技术创新提供载体，孵化器作为一个系统，主要由风险投资、产业服务、综合服务、物业管理和信息服务五部分构成，分别为新创办的小微企业提供融资服务；企业生产、科研、营销财务管理等标准化产业服务；对外宣传、文秘等综合服务；物理空间和基础设施等物业服务；信息技术相关专业的一系列服务。高端制造企业孵化器极大改善了企业的创立成本和中小企业的生存环境，为美国高端制造业的持续创新发展培养了中坚力量，到 2010 年，美国高端制造行业中已成规模的企业 85% 来自企业孵化器。

我国政府部门为了支持企业创新，也建立了很多孵化器，例如创建了数量众多的国家自主创新示范区、高科技产业园、大学生创新创业中心、众创空间等，这些产业园区设置的目的之一就是期待能够孵化企业。我国孵化器孵化效果不如美国，其主要原因是由于孵化器的功能不够健全，在风险投资、产业服务和综合服务方面存在一定的功能缺陷，特别是在风险投资方面和产业服务方面，专业化程度较低。我国政府部门在高端制造孵化器建设方面，应该提升政策服务精度，加强孵化器的系统建设，创新“链长制”，加强孵化器主体之间的关联，优化创新网络结构，从而助力产业集群质量提升。

第二节　德国产业集群升级路径及经验借鉴

二战之后，德国作为战败国，一片废墟。不仅军事重装备制造工业被美国与苏联完全阉割，就连德国本土也被划分为联邦德国和民主德国。可仅仅用了二三十年的时间，德国装备制造的产品就成了全球制作精良，工艺一流的代表。对此现象，西蒙（Simon，2009）曾经提出隐形冠军企业的概念来加以解释，隐形冠军企业是指在某个细分行业或领域占据统治地位但却不为人熟知，同时又拥有核心竞争力和清晰企业目标的一类企业，它们提供的产品、技术、服务往往很难被模仿和超越。西蒙认为全球共有 3000 家左右的隐形冠军企业，这些企业对全球产业链至关重要，他通过对这 3000 家左右的隐形冠军企业展开调查，发现共有 1307 家德国企业上榜，而这 1307 家企业中又有 907 家企业从事高端制造行业，大多分布在机床、机械设备制造、精密仪器等领域。本节通过对德国制造业结构变迁和优化升级的研究，得出具体经验如下：

一、组建政府主导的产业创新园区

德国装备制造业强大的过程也是德国政府主导下的产业创新园区

从无到有、从弱到强的过程。德国产业集群发展全球领先，拥有各类产业集群计划项目 640 多个。德国联邦政府集群策动活动始于 1995 年，该计划最终在 1999 年完成，德国慕尼黑地区、莱茵河一带集聚了欧洲最多的生物相关企业，相继发动了生物区域计划、创新区域计划和 GA 网络计划 3 个产业集群计划，分别通过产业集群发展逐步推进单一产业快速崛起、多产业多区域协调发展及合作网络构建。生物产业集群提高了德国在生物技术产业的竞争力，2001 年德国生物技术产品销售额增长率达 30% 以上。2006 年，德国政府提出全国高技术战略，并创立了第一项横跨联邦所有部门的综合性产业集群战略，产业集群发展成为德国科技战略的核心内容；2014 年提出高技术创新战略，进一步强调产业集群网络化在国家创新体系建设中的重要性。德国联邦政府正在推进“尖端集群竞争计划”和“走向集群计划”两个产业集群计划。前者由联邦教育与研究部于 2007 年创立，共支持 15 个产业集群，每个集群获得 4000 万欧元资助，资助时间为 5 年；后者由联邦经济事务与能源部于 2012 年创立，正在推进的产业集群为 94 个，每个集群最多可获得 4 万欧元资助，资助时间为 9 个月。特别是，2015 年德国教育与研究部在“尖端集群竞争计划”和“走向集群计划”的基础上进一步启动了“集群—网络—国际化”计划，全面强调产业集群要在全球构建协作创新网络。

目前，标志着集群管理组织达到卓越水平的“欧洲集群卓越计划”金标集群中有 20 个在德国。自 2005 年 GA 网络计划实施以来，德国即开始强调产业集群的有效管理，要求每个产业集群必须有正式集群管理机构，以协调产业集群内部及产业集群间的竞争与合作。目前，尖端产业集群管理组织多数是公司型组织，部分是联合会型组织，由董事会、委员会构成，或者由核心成员（企业、大学等机构）、伙伴、区域成员、雇员构成。产业集群董事会制定产业集群发展战略，由获得尖端集群竞争计划资助的核心成员构成。委员会组织产业集群活动，成员主要来自大公司、公共研究机构等。产业集群伙伴包括大企业、中小企业、研究机构、大学及其他机构。

在产业创新园区和产业集群组织地理位置选择上，德国政府注意以下两个方面：第一，产业园区多建立在有该产业优势的中心城市，具有经济、交通、文化、人口等方面优势；第二，创新园区内拥有众多高技术企业，能够为相关产业提供有效的技术服务。截至2019年，德国共建立了8个世界级装备制造业产业园区，几乎涵盖全部装备制造业细分产业。这些成功的产业创新园区在发展实践中通常都具备以下特征和优势：第一，产业结构丰富但又突出重点；第二，创新产业园区内科研机构实力雄厚，自主创新能力强，“产，学，研”紧密结合；第三，产业创新园区均有专业公司来运营和管理，政府起支持和引导作用，不干预具体运营；第四，不同创新产业园区之间优势互补，互相合作，协同发展；第五，享受特殊政策待遇，产业创新园区拥有优惠的金融、贸易、财税等政策，融资成本、经营成本、生产成本等较非产业创新园区内企业都有较大优惠，进而取得相较于国内其他地区的对外合作优势；第六，政府对制造类相关产品的采购全部由产业创新园区内的企业提供以便更好地支持本国装备制造业企业发展。

德国产业集群发展过程中产业创新园区的建设发挥了重要作用，我国相较于德国的产业创新园区，其存在的不足主要是产学研的紧密性较差。目前，我国缺乏专门的税收、金融等优惠政策支持产学研结合，大学、科研机构和企业的知识交流和创新合作缺乏系统性支持。同时，高校科研人员的收入和待遇整体来看偏低，承担的企业项目（横向项目）成果难以纳入科研成果评价（高级职称评定、人才荣誉称号等）体系，导致高校和企业之间的定位偏差，高校人员注重的是论文、专著等方面的考核，而企业注重实际生产问题的解决方式和方法的创新，为此，企业和高校以及科研院所之间很难进行合作研究。虽然科技成果所产生的社会效益要比经济效益更重要，但是现实科技评价中更多的是通过获得国家资助金额额度、论文发表数量、科技工作者的学术成就以及科研获奖层次和数量等方面进行综合评估，同时由于科技创新能力比较弱，科技成果转化率比较低等原因，导致了更加重要的科技成果推广和应用价值被忽视，难以直接满足企业对科技成果转化价值的现实需求。产学研合作是一项涉及科技、教育、经济和社会发展各个领域的系统工程，需要统一的协调和管理机制，促进各领域的合作。目前，我国在企业、大学和科研机构合作中仍缺乏宏观协调、统一、有效的管理机制。产学研合作的创新环境和机制不健全，各方交易成本过高，科技中介服务体系建设滞后，产学研合作缺乏联系，亟须进一步改善有利于相互合作的制度环境、经济发展环境和社会文化环境。

二、培育隐形冠军企业

德国在各行业内拥有众多隐形冠军企业，如果从制造业范围内来看，隐形冠军企业占比更具优势，2018 年世界各国制造业隐形冠军企业占比分布情况如图 5－1 所示。

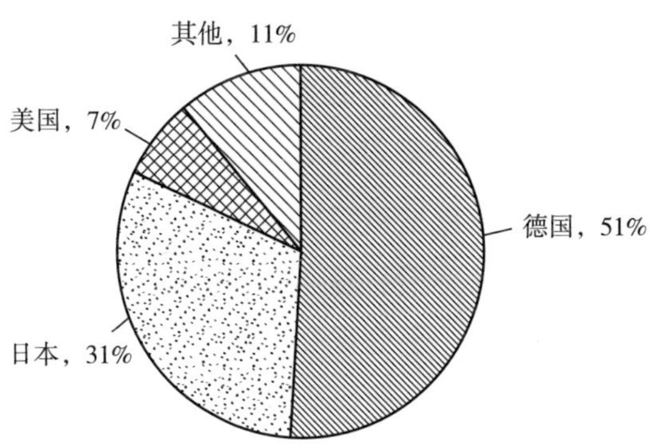

图 5－1　2018 年世界各国制造业隐形冠军企业占比分布情况

在 2018 年全球制造业隐形冠军企业中，德国占比高达 51%，高出全球其他所有国家总和，这些目标明确、专注偏执、客户稳定的隐形冠军企业对全球产业链起着至关重要的作用。德国之所以有如此之多的隐形冠军企业，与德国人严谨、专注和精益求精的民族性格及特有的社会环境有关，但更重要的是德国政府的大力扶持和引导。首先，德国政府推行严格的质量标准管理制度，重视“德国制造”的品牌形象，建立了一系列各行各业的标准化协会对所有企业进行监督和指导，对于违规企业和违规产品，将会受到德国政府的严厉处罚。其次，进行创新项目资助并鼓励中小企业创新，德国政府平均对每一个重大的高端制造创新项目大约有 6000 万欧元的低利率贷款。最后，德国政府将科研机构专用化，德国政府资助了许多非营利性科研机构，如马普学会、弗劳恩霍夫协会，让这些机构成为科研和市场的纽带，推动中小企业不断成熟。德国政府长期以来致力于培养“小而强”的隐形冠军企业，这些“小而强”的隐形冠军企业也构成了德国制造业的中坚力量。

德国政府长期致力于隐形冠军企业的培育，我国自 2016 年起，国家工信部决定开展制造业单项冠军企业培育提升专项行动，并印发了《制造业单项冠军企业培育提升专项行动实施方案》，意在引导制造业企业专注创新和质量提升。显然，我国隐形冠军培育政策的实施时间较短，在国家政策的引导下，各地也相继发布隐形冠军培育政策，将隐形冠军培育作为加快制造业转型升级的重要手段。我国不同地区的地方政府部门对于隐形冠军企业培育重视程度不一。长三角、珠三角和京津冀地区都十分重视隐形冠军的培育，这些地方也产生了数量较多的隐形冠军企业。但从总体上看，有些地方的培育政策对隐形冠军的界定还不够全面，更偏重高市场份额、高成长性，往往将其与科技小巨人、专精特新企业等混为一谈，对行业话语权、市场细分度、产品不可替代性、创新产出绩效、持续发展能力等未做深入要求，导致中国的隐形冠军企业在全球价值链中话语权较低、竞争力并不强，这些显然不符合双循环发展格局构建的要求。从政策导向上看，除了推出奖励性政策和倾斜性政策外，尚未充分挖掘隐形冠军企业的示范效应，在全社会范围内产生更为广泛的影响。隐形冠军培育并不是孤立的政策性行为，良好的区域创新生态系统构建，有效的政策支持和引导，不仅是制造业隐形冠军企业成长壮大的内在要求，更是区域经济融通发展的现实布局，尤其在产业互联网的发展背景下，这对于制造业隐形冠军企业的生态化转型具有重要意义。

三、重视“双元制”教育培养体系建设

人是生产力中最活跃的因素，在宏观经济转型的过程中，人的转型起着决定性作用。德国建立起了科学合理的“双元制”教育培养体系，被誉为“德国制造”的基石。

“双元制”教育是德国以法律形式明确规定并监督执行的义务教育制度，在办学层次上相当于中国的中专教育，“双元制”教育体系下的学生约70%的时间在企业实习，30%的时间在学校接受理论教育，学习结束后，通过严格考试（包括理论考试和实践作业），可以成为这些企业的正式员工。德国为支持“双元制”教育的发展，政府和企业都做出了许多积极的努力，在德国120余万家工业企业中有接近40万家在开展职业教育，占比接近1/3，这其中大多数是大中型企业。在2018年，这些企业为每个学员所支付的培训费用高达1.87万欧元，德国政府也帮助这些开展职业教育的企业承担部分费用支出，据统计，国际金融危机至今，德国政府每年在职业教育方面的支出高达79.8亿欧元。这种“双元制”的职业教育模式符合高端制造业的职业发展需求，为德国培养了大量的高素质劳动力技工，极大地提高了德国高端装备制造业的劳动生产率。

德国的转型是伴随着工业化进程不断演进、实施的长期过程。在此过程中，德国主要的做法和经验，是发挥好三个层面的作用，搞好三个方面的配套转型。

发挥好政府的主导作用。德国政府在推动经济转型升级的过程中，充分发挥了统筹规划、政策扶持、配套服务的作用。在统筹规划方面，在国家层面上，从20世纪60年代中后期提出的发展高科技产业，到2008年世界金融危机后提出的2020高科技计划、工业4.0战略等大的发展规划，有效引领了整个德国经济的不断转型升级。在政策扶持方面，德国各级政府通过设立产业转型引导基金、科技创新基金等各种形式，来支持企业的创新和转型。德国政府在为企业发展和经济转型升级过程中，真正承担了引领和主导的作用。

充分发挥企业的主体作用。德国的经济转型，政府发挥了主导作用，但整体上是经历了以市场为导向、创新为驱动、企业为主体的不断累积的过程。德国的汽车工业是最重要的支柱产业。2013年研发投入高达182.7亿欧元，占整个行业产值的5%以上，从而保持了德国汽车行业的世界领先地位。从考察的宝马公司了解到，为顺应未来汽车节能降耗发展趋势，该公司通过研发新技术、新材料，使汽车生产节能50%、节水70%，他们研发的新能源汽车已大批量投放市场，前景看好。

充分发挥行业组织的中介协同作用。德国的行业组织十分发达，全国共有30多万个商会、协会等行业组织。德国在推进经济转型升级过程中，政府的宏观决策、政策基本上是通过商会、协会等行业组织实施的，政府一般不直接和企业打交道。例如，巴伐利亚州为培植产业集群，在19个政府重点扶持发展的产业集群中，都建立了产业协会，政府对产业集群的扶持政策由产业协会来具体组织实施。商会、协会等组织介于政府与企业之间，既代表政府，又代表企业，很好地发挥了中间人的作用，在经济生活中具有特殊的意义。

在充分发挥三个方面作用的同时，德国的经济转型还得益于三个方面的配套转型。

一是人的转型。人是生产力中最活跃的因素，在宏观经济转型的过程中，人的转型起着决定性作用。首先，他们建立起了科学合理的

“双元制”教育培养体系，被誉为“德国制造”的基石。其次，崇真尚实人文精神的塑造。整个社会不虚华、不浮躁，形成了一种自然、朴实、崇真的良好人文环境。

二是社会转型。经济的转型离不开整个社会形态的转型，这主要体现在四个方面，包括法制社会、公正社会、风险控制等。此外，德国政府自 1998 年后要求股份制公司内部必须建立起自己的风险控制机制，设立风险评估公司，采取相应措施避免企业大起大落，从而避免了经济转型带来的系统性风险。

三是政府转型。德国政府是一个廉洁、高效、服务型政府。由于德国政府把大量的服务性、具体操作层面的工作都给了商会、协会去做，政府层面重点研究政策、监督执行、严格执法。因此，政府能够从繁杂的事务中摆脱出来，把该做的事情做好。

第三节　日本产业集群升级路径及经验借鉴

二战后，日本国情与德国类似，也是一片废墟。战后发展情况也类似，都走出了一条经济快速发展的道路。20 世纪 70 年代，日本制造业已经在全球居于领先地位，到 20 世纪 80 年代末 90 年代初，日本爆发了经济危机，经济开始停滞不前，但日本制造业不仅没有衰落，反而迈上了更高的发展水平，在通信设备、精密仪器、半导体等行业的发展水平均居世界前列。在这个过程中，精益生产的制造体系和产业链协同发展均起到了重要作用，其基本经验如下：

一、政府主导产业集群组建

为克服产业空洞化、提高日本产业在全球的竞争力，增强区域自主发展能力，2001 年日本政府开始推行产业集群政策，主要体现在两个行动计划上，一个是由经济产业省制定和推动的“产业集群计划”，另一个是由日本文部科学省制定和推动的“知识集群计划”。日本政府推进了“产业集群计划”“知识集群计划”和“城市区计划”这3个产业集群计划。其中，“产业集群计划”由经济产业省于2001年推行，建立了18个产业集群，运行时间至2009年。“知识集群计划”和“城市区计划”由文部科学省于2002年启动，前者建立了18个知识集群，旨在打造世界级产业集群；后者建立了89个城市区集群，旨在打造小规模产业集群。2010年，文部科学省将二者合并，建立了开发创新系统项目，用于打造17个全球性产业集群和23个城市区产业集群。

二、质量优先推行精益生产体系

采用精益生产制造体系的日本高端制造在激烈的全球竞争中脱颖而出，成为“业界标杆”的第一个具体经验就是日本制造业采用精益生产的制造体系。这种生产制造体系以客户需求为推动力，致力于消除产业生产全过程中的浪费，注重不断改善产品生产的工艺和品质，用科学合理的制造体系为客户带来增殖活动。精益生产制造体系的核心由五部分构成：一是价值，即站在客户的立场上，为客户创造价值；二是价值流，即要认真对待品牌经营、维护和管理；三是流动，从接单到客户拿到最终产品的全过程，各单位、各要素必须像河流一样充分流动；四是需求拉动，即企业的生产必须与市场需求相适应，围绕需求进行生产计划；五是完美，即具有“工匠精神”，生产工艺和产品质量需要不断完善。日本在20世纪90年代开始在制造业行业全面采用精益生产的制造体系后，大大促进了日本制造业的精细化、高端化。

我国很多企业都在学习日本推行精益生产体系，注重产品质量，从而提升企业竞争力。实际上，企业的精益变革可大致分为三层次。

理念驱动级：精益理念融入企业文化。系统驱动级：根据企业自身特点应用精益工具于日常运营，并建立自己的精益体系。工具驱动级：应用特定精益工具对运营进行局部改善毫无疑问。当前我国企业在学习精益生产体系过程中，主要是从工具开始，最终的目标是要将精益文化融入企业文化。从当前我国产业集群实际应用来看，由于体制限制、理念冲突、人才匮乏等众多原因，我国集群企业学习精益更多的还仅仅停留在工具应用阶段，趋于完整的精益系统层面的依旧比较少，集群企业在长期的生产实践中要逐步形成精益文化，引领企业高质量发展。

三、打造大中小企业协同发展的产业链

打造装备制造业大中小企业协同发展的产业链是日本装备制造业的显著特征，也是日本以高端制造为主的装备制造业做大做强的重要因素。这条产业链是广义的产业链，也是与金融业和生产性服务业深度结合的产业链，它以资本为纽带，以大银行和金融机构为核心，以装备制造业内各细分行业龙头企业为主导，以产业链上各环节的中小企业为重要补充，互相协作，共同促进，协同发展。作为核心的金融机构和大银行通常由三井、三菱、住友、富士、劝银等日本顶级财团充当，为装备制造业内的大企业高质量发展提供资金保障，为中小企业提供融资服务；作为主导的龙头企业重视基础技术的研究和创新发展，引领装备制造业全产业链的创新和制造方向，重视国际化运营管理的能力和“工匠精神”，关注日本制造业的品牌和产品质量，通常还在产业链中发挥中介组织的作用，为产业链中的中小企业提供咨询、管理和财务等相关服务；中小企业则紧紧围绕市场需求为大企业进行相关配套服务，由此构成大中小企业协同发展的产业链，通力合作，共同参与国际竞争。

在新冠肺炎疫情的冲击下，为了加快复工复产，浙江地区创新性

提出了“链长制”。“链长制”是强化产业链责任的一种制度创新，它着眼于贯通上下游产业链条的关键环节，通过介入产业链上下游企业的沟通协同环节，以“链长制”方式在要素保障、市场需求、政策帮扶等领域精准发力，形成稳定、发展、提升的长效机制，目的是实现大中小企业融通协同发展。“链长”作为区域一方负责人，在地方发展中居于重要地位，其长处在于区域各类资源的盘活与动态整合，但是，“有形之手”作用不能无限放大和延伸。政府与市场必须各就其位。“链长”要清楚自身定位，把握“决定性”市场定位，相信市场是配置资源最有效率的形式，凡属市场能解决的，都要简政放权、松绑支持。把握“更好发挥作用”的政府定位，凡属市场不能有效解决的，要主动作为，加强宏观调控，把该承担的职责做到位。为此，在产业集群升级发展过程中，我国政府应该加大支持力度，推行“链长制”，从而实现融通大中小企业，协同发展的目标。

第四节　启示和借鉴

从国外制造强国的发展经验来看，产业集群升级的关键在于产业集群创新高端要素的聚集、高端要素的高质量交互和有效的政策和平台保障。因此，中国制造业得到的启示和借鉴是：一是集聚高端科技资源与创新要素；二是促进高端要素高质量交互；三是完善高端要素交互平台和保障措施。

一、集聚高端科技资源与创新要素

通过国家创新工程、区域重大创新项目，迅速集聚与吸引国内外一流的人才、资本、技术、知识及信息等资源与要素，强调这些资源和要素的集聚“浓度”，增强区域创新溢出效应；同时，提高企业、高校、科研院所、新型研发机构等多元主体和平台的“高度”，以创新资源和要素质量提升推动创新成果水平提高，助力产业集群创新升级。

推动一批高端高新产业集群向创新集群升级，推动形成组织共治、利益共享、合作共赢的创新集群发展模式。一方面，要采取“育小引大”的策略，培育本地高成长性企业，引进平台型和领军型企业，提振整个行业的创新能力、制造能力和整合能力，逐步形成引领世界的科技创新能力；另一方面，按照链式发展思路，通过“缺位补链、短链拉长”等措施，整合和完善智能科技、新能源新材、生物医药等主导产业链条，组织形成多层次、多领域、多范畴的彼此链接的创新链条，提升我市产业基础和现代化产业链水平。

二、促进资源和要素有效组合融合

大力创新第三方服务机构，支持和鼓励促进机构、链长制建设等，不断激活各类创新主体的“活跃度”和利益相关者“响应度”，促进资源与要素的聚变及裂变，加速创新空间与物质空间的融合，以此来培植产业集群新动能成长壮大的“生态”，增加经济社会发展内生驱动力。

三、完善高端要素交互平台和保障措施

金融支持对于产业集群升级至关重要，尤其是中小制造业企业融资难、融资贵以及制造业企业研发资金无法保障等问题的解决更需要有效的金融财税政策。首先，在税收政策方面，政府可以通过减税等方式重塑贸易结构，为制造业企业的发展营造良好的环境，打造健康的制造业产业生态。其次，在财政政策方面，一方面，要加强财政资金的直接支持，加强政府对本国制造业品牌的采购力度；另一方面，

要加强财政资金对重点项目的支持，对于在产业链中的配套服务起关键作用的中小企业提供融资保障，对于产业链中创新较活跃的中小企业，国家要通过设立“创新资助基金”等方式，支持其创新活动。最后，在金融政策方面，对于行业内的龙头企业政府需引导私人资本和金融机构为其融资、合并、重组、并购和研发创新等活动提供金融支持，助推中国制造业企业做大做强。对于中小企业，政府要采取相关激励手段和制定相关优惠措施鼓励金融机构加强对中小企业的信贷支持。

中国产业集群实现结构优化和产业升级离不开政府的扶持和产业创新。首先，要发挥政府资金的引导作用，坚持以资助企业为中心，保持市场导向；其次，要通过政府的力量为制造业提供更多的支持，政策的重点由对大学、科研机构和重点企业的单独促进转变到促进“产学研”联合方面，重点支持研究机构与企业结成创新同盟；最后，要在制造业关键技术环节发展越来越清晰的行业和领域，加强引导和扶持，组织专项资金和研发小组进行集中研发和创新，从根本上突破技术创新和转化的“达尔文死海”。

第六章 新发展格局下我国产业集群质量升级路径思考

总结以上研究结论，可以发现我国产业集群经过多年的发展，已经全面嵌入了全球价值链，并且在国际分工中扮演重要角色，但当前的国际分工地位与中国高质量发展战略和实现中国伟大复兴梦想不匹配，且当前国际竞争环境和国内竞争优势发生了重大变化，我国产业集群的升级路径在新发展格局下发生了变化，由全球价值链两端延伸路径为主，已经逐步转向为立足自主创新和国内巨大市场容量优势的国内产业链攀升，同时协同国际区域产业链发展的路径，为此，以新发展格局视角，综合思考全球价值链、“一带一路”、国内价值链方向的产业集群升级路径。

第一节　新发展格局下全球价值链两端延伸路径

推进创新型产业集群高质量发展是深入实施创新驱动发展战略、建设现代化经济体系的重要战略支撑。面对当前逆全球化和新冠肺炎疫情的双重冲击，创新型产业集群建设既符合国家科技自立自强的战略需求，又满足我国产业集群转型升级，提升国际分工地位增强产业链自主可控的安全要求。

从理论研究来看，提升国际分工地位，可以沿着全球价值链两端进行延伸，具体而言，就是在新发展格局下，立足于中国超大市场优势引导国内创新资源要素，向研发设计、品牌营销两端升级。

一、全力打造自主品牌，进军价值链下游

（一）推动制造业服务化，打造自主品牌

打造自主品牌向价值链下游攀升，提升产品质量和运营管理能力，推动制造业服务化，从而提升产品的不可替代性。改革开放以来，依托劳动力和原材料的成本优势，我国逐渐产生了大量以代工生产和贴牌生产为主的出口型加工制造企业，带动了我国制造业的快速发展。虽然部分企业通过工艺升级和科技创新实现了从代工和贴牌生产到自主品牌的发展，然而我国制造业整体上仍然处于全球价值链的中低端水平，出口产品的附加值低，品牌营销和售后服务缺失。因此，我国企业应该以更加开放的心态深入参与国际分工和协作，提高技术创新能力，通过品牌营销、渠道建设和售后服务，将贴牌生产逐步发展为创建自主品牌，扩大品牌影响力，从而增加企业的经营绩效。

加快制造业服务化转型的过程中，可以从政策体系、重点行业突破、为客户创造价值和优化组织结构四个方面发力完善。

第一，完善政策体系，推动制造业和服务业融合。深刻认识加快制造业服务化转型的重要性、必要性和紧迫性，加快制定推动制造业服务化发展的指导意见，明确我国制造业服务化发展的路线图，建立一体化的产业政策体系，消除服务业和制造业之间的政策隔阂。搭建制造业服务化的支撑平台，从满足企业需求的角度整合行业管理部门的职能，制定相互协调融合的支持政策，合力推动制造业企业与生产性服务业企业分工协作、共同发展。

第二，选择有潜力的行业和企业重点突破。实施服务型制造行动计划，开展试点工作，引导和支持有条件的企业由提供设备向提供系统集成总承包服务转变、由提供产品向提供整体解决方案转变。从实

际情况看，装备制造业、白色家电、电子信息制造业等行业的客户对产品购买后的服务需求较大，可作为重点行业。转型路径主要有三条：一是大力发展融资租赁服务，依托企业的品牌优势、渠道优势，联合金融服务机构，共同为客户提供专业化的工程机械融资、租赁等服务。二是发展整体解决方案，除了为客户提供主体设备，还提供设备的维修、检修、改造，并向客户提供专业化远程设备状态管理服务，对客户装置实施全过程、全方位、全天候的状态管理。三是发展供应链管理服务，为客户量身定制个性化解决方案。

第三，围绕客户需求创造价值。服务型制造由传统的产品系统发展成为集产品和服务于一体的产品服务系统，涉及企业商业模式和产品模式的变革，其核心是服务，其本质是通过产品服务和相关业务流程优化服务，为客户创造价值。包含两个方面：其一是所提供的服务因各类客户需求的不同而不同；其二是所提供的服务要能帮助客户解决问题、创造价值，从而吸引客户并建立长期业务关系。因此，满足客户个性化需求是制造业服务化转型的关键。

第四，适应变化优化组织结构。企业由生产型制造转向服务型制造过程中，其服务功能、业务内容、业务流程及内部联系等将发生较大改变。因此，制造业企业在向服务化转型时必须调整相应的组织功能、匹配相应的组织结构。一是组织机构及其功能要聚焦核心业务，突出创新与服务功能。组织机构的调整要与制造业服务化转型路径和拓展方向相适应。二是组织构成要素及其结合关系要具有集成性。通过整合组织资源、优化内部联系，形成资源共享、匹配合理、精干高效、整体优化的流程型有机组织。三是资源配置要突出重点。着重在增强服务功能、优化关键流程、提升核心竞争力等方面优化资源配置。

（二）激励集群内知识产权共享，共同打造品牌形象

知识产权制度与科技奖励制度都是科技成果激励制度，相互之间

具有替代关系。在我国目前专利制度下，创新者获得的收益是由市场说了算，专利市场化存在较大风险。而我国的科技奖励体系主要依附于政府行政体系，科技成果之产权归国家所有，通常是由成果完成单位根据成果鉴定给成果完成人员待遇、奖金、职称、晋升等。因此，创新者在选择激励制度时，会在专利制度和科技奖励制度二者之间进行博弈。

知识产权制度使知识产品成为私人物品，有效降低了外部效应—利他效应，而奖励制度对防止知识产品的外部效应，避免知识产品成为公共物品几乎不起作用。知识产权制度的激励是内在的，知识产权的获得、使用、转让等都具有主动性，因为知识产权本质上是一种私权。奖励制度的激励机制实际上是外部主导型的，知识产品的创造者处于被动地位，其动力是外在的，而不是内在的。知识产权制度的作用是全面、持续、长久的，因而具有根本性，而奖励制度就物质奖励方面而言，所起作用则多是一时性、一次性、阶段性的。奖励的评判者是奖励设立者及其授权的机构，因此很难避免主观性。而知识产权所产生效益的评判者是市场，或者说是社会公众，因为获得知识产权并非是直接的物质利益，而是一种物质利益的可能性，只有取得市场亦即公众的认可，才能转化为实际利益。总之，知识产权制度对技术进步的激励作用是决定性的。

知识产权制度在我国的历史短，由此导致了从科技人员到管理人员的知识产权的意识都比较淡薄，有些人根本不知道知识产权制度为何物。因此，知识产权制度在我国的保护能力较弱。知识产权制度是以国家法律形式赋予知识产品所有者或创造者在一定期限内对知识产品排他的专有独占权，如著作权制度赋予作者对其科学文艺作品享有专有权，专利制度赋予专利权人对其发明创造依法享有独占性专有权利，商标制度赋予商标所有者对其商标享有独占使用权。这样，知识产品就从一般意义上的公共物品转变成了私人物品。而知识产权制度的排他性及为了利益而竞争的本质，是与中国的传统文化观念格格不入的。中国传统文化提倡的是儒家文化、佛教文化。儒家文化是重义轻利，佛教文化鼓吹与世无争，显然，这种文化背景制约了我们知识产权制度的完善。

只有在市场经济有序的竞争规则下，以及完善的市场经济体制下，知识产权制度才能够得到充分发挥的舞台。首先，要承认知识产权制度，即要大家都通过知识产权来保护自己的科技成果。其次要有驾轻就熟的运用知识产权制度的能力，不但要运用知识产权，还要懂得如何利用更多的技巧来规避他人的专利。我国知识产权的历史短，运用知识产权制度的能力比较差，所以我们更要加强能力建设。

（三）加强产业基础能力建设，确保产业链品牌自主可控

一国的价值链升级中，一个关键的影响因素是产业基础能力。一般而言，产业基础能力指一个国家或地区产业所具有的基础性保障条件和综合实力，主要包括在基础零部件（器件）、基础工艺、基础材料、基础技术、基础动力和基础软件等方面的能力。从更广义的内涵看，还包括国家质量基础设施（计量、标准、认证和检验检测）、配套能力、制度环境和硬件基础设施。产业基础能力是一国支撑产业参与和构建全球价值链分工的基础性条件和力量。没有较强的产业基础能力，仅凭借少数几家大企业的孤军奋战，很容易被别国反制。产业基础能力的逐步提高，有助于整体地推动一国产业向价值链高端攀升。

二、立足科技自主创新，奋进价值链中上游

从微笑曲线来看，研发设计处于价值链高端环节，这也是我国产业集群面临的核心难点之一。从国际分工来看，我国产业集群在嵌入全球价值链过程中，是以劳动密集的低端制造业开始，主要从事代加工环节。从事代价加工环节不需要投入研发成本，不需要承担创新风险，只需要利用本土劳动力优势，完成订单即可获得一定的收益，这

种模式在发展中国家早期工业化中具有重要意义，但是随着发展中国家的不断发展，产业集群积累了先进的管理经验和科技创新知识，不再满足于现有的国际分工地位，期待通过创新向产品研发设计攀升，从而获得更高的投入产出。在这种内生动力驱动下，发展中国家产业集群需要走创新之路，但在新冠肺炎病毒和逆全球化的双重冲击之下，全球供应链、价值链和创新链都面临断裂风险，通过FDI获取创新资源的路径受到多种限制，发展中国家目前最优先的路径是科技自主创新。集群企业内部创新网络优化路径充分撬动国内创新资源，促进多方协同创新是有效方式，但协同创新促进产业质量面临多种障碍，为此，立足科技自主创新的产业集群质量升级路径有：

（一）强化研发体系，着力产业创新

推动国家重大科技计划成果在创新型产业集群中进行产业化，鼓励集群内优秀科技企业承担各类政府资助项目。面向集群产业链关键核心技术需求，建设一批新型研发机构，鼓励集群领军企业牵头组织产业重大技术研发和行业标准制定，鼓励集群企业采取多种形式与高校、科研机构合作建立研发中心、设计中心和工程技术中心，着力提升集群产业创新能力和产业链现代化水平。探索建立股份制战略技术合作机构，推动全产业链上不同环节技术优势单位强强联合、交互持股，打造技术创新合作网络和利益共同体。

支持建设创新型产业集群产业链各组成部分积极参与、知识分享、利益共享的产业技术联盟，形成定位清晰、优势互补、分工明确的协同创新机制，有效提高和降低联盟成员在技术研发、市场开拓、配套供给等过程中的效率和成本。鼓励大学、研究机构、金融机构和中介服务机构积极参与产业技术联盟建设，促进联盟进一步发挥整合各类优质创新资源的优势。

支持创新型产业集群领军企业的技术研发、技术改造和提档升级，促进其成为具有核心竞争力、市场影响力和行业话语权的国际领

先企业。鼓励领军企业提升全产业链专业化协作和配套水平，将集群内有条件的科技型中小企业纳入供应链管理。以集群领军企业和关键核心企业为重点，充分发挥科技型中小企业优势，实施集群企业梯次培育行动计划，不断壮大集群企业队伍，促进大中小企业协同创新、融通发展。

支持建设多元投入、市场主体、公益目标的创新型产业集群新型协同创新平台。加强集群“双创”平台建设，鼓励众创空间、科技企业孵化器、科技中介机构等不断提高服务水平，推动专业孵化、产业孵化，促进企业加速器建设。强化公共技术服务平台和技术转移服务平台建设，不断提高面向全产业链的服务能力。充分利用中国创新创业大赛、创新挑战赛等平台，为创新型产业集群发展推介优质科技型企业等创新资源。

（二）提升内源式自主创新能力

以提升自主创新能力为内涵的内源式升级路径，就是依靠自主创新能力推动我国制造业从产业价值链中的附属分工环节向产业价值上的核心环节攀升，以实现内生性的升级。主要表现为沿着微笑曲线向两端高附加值环节延伸，在我国制造业积累一定的资本优势和技术优势的基础上，通过将部分资源投向价值链的上游研发环节和下游的营销环节，以实现制造业的持续性发展，提高产品的国内附加值率，有利于全球价值链地位的提升，实现产业的内生性升级。我国制造业嵌入全球价值链的方式主要是以代加工的方式嵌入的，这就决定了我国制造业在利益分配中处于不利地位，而决定利益所得分配的链主企业一般都是处于价值链上游的研发设计环节和下游的品牌营销环节。从我国产业集群现有产品和工艺来看，西方发达国家在设计和营销环节的话语权使得我国产品难以得到其他国家的认可，相同产品和质量都无法获得近似收益，主要收益归属于西方发达国家。根据微笑曲线理论，想要实现制造业的升级，就必须实现向产业价值链上的高附加值环节攀升，总而言之，想要实现制造业的升级，就必须注重提高研发投入力度，形成自己的技术优势和品牌销售渠道。

我国处于加工制造环节的制造业企业，尤其是以代工生产和加工制造方式为主的制造业行业，在巩固已形成的竞争优势的基础上，遵循功能升级和产品升级的方式，以加强自主创新能力为重心，不能因为逆全球化的阻力就放弃与国外创新资源的交流和互动，要以更加积极的态度学习世界的前沿技术，增强自主研发设计能力。通过提高制造业产品和服务质量，继续着眼于产品升级和功能升级，并且利用中国庞大的内需，依托互联网营销渠道，积极创建自己的品牌优势和销售渠道，实现我国制造业从低端向高端升级的目标。

（三）需要围绕创新链布局自主可控的产业链

所谓自主，就是在设计研发、系统集成能力和营销等方面体现自主性。所谓可控，即防备产业发展受制于人。建立达到世界先进水平的产业链，追求的是竞争优势而不是资源禀赋的比较优势，需要更为关注供应环节的科技水平，零部件的供应商应力求达到世界级水平，拥有关键核心技术。某些发达国家封杀、断供的产业链环节，应当成为部署创新链的重点。

围绕产业链部署创新链，就是要面向中高端环节进行科技攻关，掌握中高端环节的核心和关键技术。处于价值链底部的加工组装环节，一方面要向研发设计环节延伸，提升价值链水平，这包括多种零部件、元器件的加工制造，例如汽车或飞机的发动机、高端半导体芯片、手机智能系统等；另一方面要向销售环节延伸，包括物流、服务等环节，利用“互联网+”提供的跨境电子商务平台进行市场和商业模式创新。企业努力进入技术和质量要求更高的元器件制造环节，并被全球价值链上的企业所采用，就会出现价值链环节的国内替代。替代技术绝不是模仿的技术，实现替代需要具备的必要条件是：有自主知识产权，替代后的生产环节（如更精密的元器件）在技术上符合价值链标准，甚至比以往的产品质量更高、成本更低。

（四）联动内外创新资源促进创新升级

当前我国产业集群经过多年的发展在产品设计和工艺流程优化方面积累了丰富的经验，有很多企业掌握了部分核心技术，但是这些技术没有在国内形成技术扩散，技术创新的扩散效益受到很大限制，即我国在创新成果应用方面还存在很多问题：一方面是知识产权保护问题，另一方面是产业集群创新性成果数量有限，核心技术自主控制还存在不足，集群企业难以自主进行技术创新扩散，也受到自身利益的束缚。当前，我国产业集群面临逆全球化的阻挠，集群企业应该加强与国外合作，可以通过学习机会、外商直接投资、跨国商品流通和技术许可等方式使产业集群嵌入全球价值链，提出产业集群在全球价值链上的升级路径，即功能升级—产品升级—工艺流程升级—链条转换①。

第二节　新发展格局下国家价值链全面突破路径

国内很多学者认为当前我国产业集群要从全球价值链中低端向两端延伸发展并不容易实现，这主要是由于西方国家掌控着全球价值链分工的中高端环节，其可以采用多种途径压制发展中国家向两端延伸。虽然并不容易实现，但从德国、日本等国家的升级路径来看，创新是产业集群实现两端延伸的关键所在。从全球市场来看，我国是全球最大的消费市场，消费潜力巨大，但自我品牌价值认同程度不高，这与市场经济发展历史时间和国际营销环境有关。现如今，经过 40 多年的改革开放，我国产业集群发展已经具有向全球价值链两端延伸

① 王静华．全球价值链视角下产业集群升级的路径探析［J］．科技管理研究，2012，32（1）：156－158.

的基础和实力。创新联合体作为新兴创新组织模式在“十四五”规划建议中反复提及，在某种意义上是一种新型举国创新制度。研究联合体的组建更加强调企业市场主体地位，认同企业创新资源储备和实力累积。为此，本书认为立足于举国创新机制，产业集群中核心企业经过积极组建创新联合体，积极参与国家重大科技攻关项目，亲自“揭榜挂帅”，加强集群企业内部和外部创新资源交互，激发创新人才共享知识，促进产业集群间协同创新共享知识，并激发多主体形成松散合作关系，通过竞合治理机制引导产学研创新合作升级，进而带动产业集群转型升级。

一、发挥举国创新制度优势，助力产业升级

（一）培育高端生产要素，组建创新联合体

哈佛大学波特教授的产业集群理论强调了产业集群中支撑机构的重要性，并指出：产业集群的形成能够提升国家竞争力。国外产业集群发展的实践经验表明：政府部门在价值链攀升过程中扮演重要角色，能够提升创新资源配置效率从而通过创新驱动产业集群升级。我国制造业产业集群总体上还是处于利益链条中的低附加值环节，全球价值链的主导权被掌握生产资源的发达国家所控制，我国产业集群升级面临重重障碍。国家价值链在中国特色社会主义优越制度框架下，可以培养产业集群升级的高端要素，可以集合全国之力“办大事”，围绕产业升级的核心技术、基础研究和理论研究方向开展深入研究，特别是“十四五”规划中反复被提及的组建创新联合体。通过这种新型举国创新机制实现科技自立自强的战略目标，不仅将带动我国产业集群在国家价值链全面升级，还可以提升国际分工地位，实现传统产业集群保持优势，新兴产业集群在研发设计和品牌营销两端的升级，从而实现国家价值链的升级带动在全球价值链地位的攀升。

高级生产要素的培育是我国制造业摆脱“低端锁定”的根本途径，过去我国制造业的发展得益于西方发达国家对我国的产业转移，发达国家占据着价值链的链主地位，将技术含量低的加工制造业转移至我国，我国战略性的中高和高技术行业的核心技术掌握在处于链主地位的发达国家手中，高级生产要素的缺乏一直是限制我国制造业升级的主要障碍。随着发达国家制造业回归现象的愈演愈烈和对华实行技术封锁，我国中高和高技术行业通过进口国外先进技术的发展方式已不可持续，要积极注重培育新的生产要素和挖掘新的产业潜力，而新兴技术和新兴产业都代表着先进的生产力，这些新兴行业的发展会促进我国制造业竞争力的提升。从价值链附加值特性来看，高级生产要素代表着高生产力和高收益，将高级生产要素与我国不同技术层次的制造业相结合，有利于提高我国传统制造业的全要素生产率和在产业价值链中构建新的竞争优势以此来推动我国产业结构的优化。

在制造业强国战略的引导下，我国应该向美国学习，创立高端制造业企业孵化器，重点围绕国家产业园区，国家自主创新示范区等区域，结合技术发展前沿将信息化、智能化与工业化相融合，将技术引进与自主创新相结合，沿着新型工业化发展进程培育各种能促进生产力提升的新产业、新业态和新技术，注重对高级生产要素的培育。在对高级生要素的培育过程中，要注重学习发达国家先进制造业的经验，将技术引进、吸收和自主研发有机结合起来，形成以我为主的创新机制。培育和发展具成长性和战略意义的新兴产业，加大新兴行业的研发力度，增强自主创新能力，为此必须从战略高度重视这些未来极实现价值链上的升级，进而在全球价值链国际分工中占据战略制高点。目前不容忽视的是，我国创新要素供给端和需求端存在严重的错配问题，主要的创新资源集中在高校和科研院所，而企业作为创新市场主体却严重缺乏创新资源。虽然我国出台了一系列措施激励产业学研协同创新，但从长期的实践来看收效甚微，在重大核心领域的竞争力提升较为缓慢。为此，有必要从国家层面对创新资源市场进行规划和配置，产业集群企业应该积极发挥其市场主体作用，参与国家创新联合体的组建，积极“揭榜挂帅”进军新兴产业，促进自身创新资源和高校创新资源交互融通，在举国创新机制下，产业集群企业的知识溢出风险会得到有效控制，企业员工知识共享收益将会成倍提升，产业集群升级的“任督二脉”将有望被打通、穿透。

（二）强化知识产权保护政策集成，形成叠加效应

从企业网络来看，集群企业在知识共享博弈中总是受到知识溢出风险的影响，有些企业创新资源十分有限，其隐性知识可能是其在市场竞争中生存的根本，如果没有完善的知识产权保护制度，企业难以参与知识共享，产业集群企业间的知识共享难以实现，集群创新生态系统就难以实现升级。集群企业内部员工之间的知识共享需要企业内部建立完善的知识共享激励机制，否则员工为了确保自身在企业中的地位和薪酬待遇，不会将自身经验、技巧和诀窍显性化，促进企业内部创新生态系统的升级和优化。集群企业与学研方进行合作时，学研方的知识也需要得到有效的保障，建立合理的知识收益共享机制，才能实现高效的协同创新。因此，无论是从集群创新生态系统还是从企业内部创新生态系统来看，维护知识拥有者和专利所有人的权益对于企业来讲至关重要，只有当知识的权益得到有效保障的基础上，企业和个人才会积极参与知识共享，才能实现产业集群创新升级。

按照美国的发展经验，美国政府十分重视知识产权保护，并且引导资本进入创新市场，支持技术创新研发。中国特色社会主义制度的优越性之一就是能够集中和调配全国资源支持创新，因此可以综合运用财政、金融、税收、土地、贸易以及基地、人才、科技项目、评价等政策，通过顶层设计优化来全面支持企业进行创新，一方面政府部门可以支持企业开展协同创新，另一方面可以强化创新市场环境，例如加强知识产权保护，加强知识专利保护，予以专利发明人更多的激励，完善相关等法律法规等。

二、深挖精培脱贫攻坚成果，打造特色品牌

发展产业不仅是为了实现脱贫的可持续性，更是为实现乡村振兴中的产业兴旺奠定产业基础。“十三五”期间，我国脱贫攻坚战取得了重大成果，在全球贫困治理中树立了重要典范。禀赋结构升级是深度贫困地区提高脱贫质量的最优先选择（郑长德，2018），利用区域资源禀赋发展产业集群成为我国贫困治理的常用策略，并且取得了显著成效。

实践经验表明，产业脱贫是实现贫困治理的最为有效之策，在中央的统一领导下，脱贫产业得到了迅速发展，并建立形成了一批脱贫产业集群，这些产业集群利用地方资源特色，产品质量高、民族特色鲜明，推出了很多具有一定知名度的产品，但这些集群并没有形成品牌效应，这主要是由于很多脱贫攻坚产品进入市场较晚，市场的认可度和接受度还有待提升。更为主要的是，脱贫攻坚产业资源挖掘不到位，其产品质量特性没有进一步挖掘，标准化程度低，多属于农产品和原材料。这些产业集群产品质量高、民族特色鲜明，利用其资源优势，集合国家创新资源进行产品升级和工艺升级，利用移动互联网和大数据等信息技术培育区域特色品牌，将有助于脱贫产业集群在国家价值链环节上的突破和升级。更为重要的是能够培育满足国内市场消费升级的需求，并培育完全自主的产业链和创新链，从而通过产业集群升级带动区域竞争力的提升，最终实现助力国内经济大循环。

三、宣扬传承大国工匠精神，塑造精品文化

现如今很多学者都认为全球经济进入了逆全球化周期，是经济发展规律的自然现象，但不可否认，经济发展演化周期中，全球重要国家都发挥着重要作用。在新冠肺炎病毒的冲击下，逆全球化周期的进

程进一步加快，我国产业集群升级面临的挑战与机遇并存。首先，我国新冠肺炎疫情防控取得了重大胜利，爱国情绪和民族认可度空前高涨。其次，国际供应链供应风险不断增大，更为重要的是，西方国家有意抹黑中国政府形象的种种行为受到国内民众的一致抵触。在此背景下，我国产业集群一方面面临出口出现严重下滑的困境，另一方面又面临着国内经济快速恢复，市场需求爆发式反弹的产能不足难题。出现产能不足的产业主要聚焦于高端制造业和高端品牌以及服务业，例如汽车芯片、高端仪器仪表等。但不容忽视的是，在高端服务业上也存在供给不足的问题，例如我国高端会展品牌、高端旅游酒店、高端教育品牌等都缺乏足够的供给能力，大批消费者在网络媒体的抱怨和高频的投诉是最为有利的证明。因此，我国产业集群升级不仅仅要聚焦在高端制造业，也要注重高端服务产业的升级发展，需要注重民族品牌的建设。

工业是一国的重要支柱，产业工人是重要的劳动者群体。现如今，就业市场上就业难和用工荒并存，反映出我国就业的结构性矛盾。我国每年培育了数量巨大的大学生，但实际大学生比例仍无法与发达国家相比，更为重要的是，在职业培训方面，我国政府应该向德国学习，与企业加强合作，建立“双元制”教育培养体系。因此，政府一方面要加大职业教育培训资源投入，在资金支持和整体规划上，要注重职业教育和高等教育资源分配关系，优化职业教育培训资源布局。另一方面要引导职业院校对接支柱产业和重点企业的技能人才需求，建立专项培育资金，鼓励重点支柱产业的技能人才深造，给予企业激励和个人激励，探索“工学一体、校企双制”校企合作模式，加强企业和高校创新资源交互交融，从而实现人才联合培育。培养高技能人才，提高企业的参与度尤为重要。提高企业对技能人才培养投入的积极性，一方面需要政府帮助企业形成高技能人才培养的长效机制，另一方面可以出台扶持激励政策。例如，对拥有高级技师并达到一定人数的企业，可以给予税收优惠或作为省级高新技术企业的认定标准之一。最后，政府部门应该加强大国工匠晋升的宣传，鼓励更多青年人传承工匠技艺，在社会上形成传承大国工匠精神，塑造精品文化的氛围和风气。

第三节　新发展格局下“一带一路”区域价值链升级路径

一、完善产业集群国际合作交流机制

“一带一路”倡议提出以来，引起了国内外的高度关注与共鸣。从中国产业集群嵌入全球化生产网络的方式来看，其合作网络主要有垂直联结、水平联结和纵向—横向—交叉三种。第一，在跨国合作网络的垂直联结阶段，中国的地缘优势发挥着核心作用，与地理临近、文化相融等友邻国家的核心企业需要寻求外部合作，以实现其自身生产要素最优配置，提升核心竞争力。在垂直联结阶段，我国产业集群可以集聚发挥核心节点作用，推动“一带一路”沿线国家合作网络的进一步拓展。例如，积极推动海外投资设厂，逐步形成研发、生产、销售、维修等一站式的关联产业链条，并构建沿边制造业组装生产基地群，强化跨境产能合作，不断升级合作信用平台能级，培育双方产业集群良好的合作氛围和信用环境，为跨国合作网络的良好发展奠定基础。第二，在跨国合作网络的水平联结阶段，“一带一路”沿线国家集群之间网络的节点迅速增长，整体集群网络的规模扩大。在这个发展阶段，应鼓励国内核心企业、隐形冠军企业“走出去”，到“一带一路”沿线国家投资布局，以此拓展区外发展空间，提高国际合作水平。政府应当联合企业构建海外投资信息服务平台，大力支持第三方投资咨询服务行业发展，积极为企业“走出去”战略的现实

“修桥铺路”，为集群企业提供相关海外投资信息和风险预测咨询报告，降低和控制集群企业对外投资风险。同时，制定集群发展的法律法规，明确企业准入、准出的标准，规范市场发展，并提升财政支持精度和力度，助力跨国网络集群的中小企业演化升级。另外，要充分挖掘利用科研机构、中介机构等在集群网络中创新资源聚集和交互作用，使得国内技术和知识能够获得“一带一路”沿线国家的认同，并且开展更深层此的创新合作，从而推动整体集群的创新发展。第三，当产业集群跨国网络进入成熟阶段，此时产业集群之间将会形成纵向—横向—交叉多重网络阶段，集群企业发展迅速，联系和交流更为紧密，且同时呈现出竞合交织的状态，此时产业集群之间的协调发展需要政府建立跨国协调、引导机制，实现区域经济的稳定发展。

二、打造区域价值链推动产业升级

抓住“一带一路”的发展机遇，在国家经济发展战略的引导下制造业企业作为我国“走出去”的重要主体，在价值链的重构和整合中发挥着链主企业的作用，将决定价值链上的参与者和参与形式，对于增强我国制造业在区域价值链上的掌控能力具有重要作用。同时我国制造业的引进对于沿线国家而言，能为它们带来我国先进的生产技术、提供大量的就业岗位，为沿线国家的经济发展带来新的增长力。“一带一路”是打造区域价值链、推动我国制造业升级的重要平台，我国制造业，尤其是中高技术和高技术制造业，在全球价值链上通过承接发达国家的产业转移得到了很大的发展，出现了一批类似于华为这样的可以与发达国家的高技术制造业企业相角逐的高技术企业，成了“全球价值链主企业”，但我国类似于华为这样能决定价值链利益获得分配的链主企业较少。从大型跨国公司的发展历程可以发现几乎所有的跨国企业巨头都是基于国内市场，然后通过不断的技术创新，长成为行业具有垄断能力的巨头，最后通过国际投资并购的方式进入国际市场，并成为产业价值链的链主企业。因此我国制造业企业应把握构建区域价值链的机会，在“一带一路”的区域国家内积极布局产业价值链，通过加深与沿线国家在营商环境、投资环境和资源环境等方面的合作，将打造以我为主的价值链与沿线国家的发展相结合起来，推动我国制造业企业走出国门。同时，积极鼓励国内企业“走出去”“走进去”“走上去”，到技术和产业创新密集的发达国家开展逆向外包活动，充分利用全球的先进资源和要素。全球价值链的概念本身就意味着经济必须是开放性的，国内企业只有积极主动地参与全球化竞争，才有可能成长为全球价值链中的“链主”企业和“隐形冠军”企业。因此，无论是主动型治理结构还是被动型治理结构均要求企业不能将市场边界仅仅限于国内市场范围，而要逐步形成以国内大循环为主体、国内国际双循环相互促进的新发展格局。

在新发展格局构建过程中，我国产业集群发展要以“一带一路”建设为纽带，塑造以中国制造、中国创造为关键技术谱系的国际生产体系。在全球产业链出现一定程度松动的情况下，“一带一路”建设将面临新的任务和重要合作机遇，不仅要继续深化国际产能合作，而且更要在此基础上将其与国内价值链相互衔接，在沿线国家积极引入国内价值链上本土龙头企业的品牌和标准，塑造以中国制造、中国创造为主的国际生产体系。在经济全球化横向分工的区域化集聚趋势中，中国应以更加开放的理念和态度，基于“一带一路”建设加快布局这种“以我为主”的区域产业链体系，这是推动主场经济全球化的一种有效路径选择。

三、努力成为区域价值链的治理者和控制者

（一）注重本土市场开发，提升供给标准和服务

在新发展格局下，我国产业集群的优势已经从成本优势转变为超

级市场优势，现在无论是沿着生产值驱动型全球价值链，还是沿着购买者驱动型全球价值链，都难以实现转型升级发展。显然，注重高端要素投入，主动开发本土超大规模市场是我国产业集群实现跳跃式升级的重要途径。在开发本土市场过程中要注重产品质量、品牌形象和服务价值的提升，不断提升供给侧的供给标准，加强国家质量基础设施建设，促使国内产业集群专业化、精细化和高端化发展，助力产业集群满足国内市场消费升级的需求，最终的目标是在全球产业市场形成竞争优势，并且实现从全球价值链中的“被俘获者”转型为国内国际价值链的治理者和控制者，进而确保产业链安全可控。

（二）依靠核心企业引领区域绿色投资和创新治理

核心企业是我国参与全球价值链分工竞争的核心力量。核心企业在发展过程中积累了丰富的创新资源和要素，从供应链来看，链主企业可以通过提高质量要素标准从而带动整个产业链的升级，进而提升整个供应链在全球中的整体竞争力；从价值链来看，核心企业在整个价值链中获得利润总额最大，其链接着政府、行业协会和众多第三方机构，核心企业的发展能够影响政府部门的政策制定，要求政府部门不断根据市场竞争变化调整政策工具，从而使得整个供应链和产业链快速发展；从创新链来看，核心企业拥有的创新资源较多，如高端人才、高端仪器设备和研发资本等，同时，核心企业能够聚集上下游企业创新资源，开展企业合作创新，也能够整合高校、科研机构和第三方服务机构创新资源开展研发合作。从当前我国部分领域来看，有些核心企业和隐形冠军企业已经具备了独立承担国家重大科研攻关的能力，应该充分激励核心企业释放创新潜力，通过创新不断提升产业核心竞争力，从而提升我国产业链、供应链的安全和稳定。按照我国“十四五”发展规划，核心企业应该积极组建创新联合体，承担国家重大攻关项目，从而将集中优势创新资源进行创新，提升我国创新生态质量，增强我国产业集群核心竞争力，从而引领区域价值链创新发展。

核心企业要立足本土超大规模市场优势，充分利用其在国内价值链治理中作用和影响力，在“一带一路”区域价值链创建主导方面发挥更强的作用；坚持互利共赢的开放战略，推动共建“一带一路”走深走实和高质量发展，促进商品、资金、技术、人员更大范围流通，依托各类开发区发展高水平经贸产业合作园区，加强市场、规则、标准方面的软联通，强化合作机制建设。同时，核心企业应将其掌握的绿色技术、绿色生产制造平台和标准向“一带一路”沿线国家进行投资，寻求国际合作，从而增强自身在整个全球价值链中的影响力，并且带动“一带一路”沿线国家产业转型升级，实现共同发展。

参考文献

[1] 盛斌，吕越. 从价值链视角探求全球经贸治理改革 [N]. 中国社会科学报，2020-08-04.

[2] 仇保兴. 发展小企业集群要避免的陷阱：过度竞争所致的“柠檬市场” [J]. 北京大学学报（哲学社会科学版），1999：25-29.

[3] 吴德进. 产业集群的组织性质：属性与内涵 [J]. 中国工业经济，2004（7）：14-20.

[4] 陈赤平，丁建军. 基于中间性组织视角的产业集群三层次治理模式 [J]. 产业经济研究，2009（2）：33-40.

[5] 王缉慈. 创新及其相关概念的跟踪观察：返朴归真、认识进化和前沿发现 [J]. 中国软科学，2002（12）：30-34.

[6] 贺灿飞，潘峰华. 产业地理集中、产业集聚与产业集群：测量与辨识 [J]. 地理科学进展，2007，26（2）：1-13.

[7] 魏守华，赵雅沁. 企业群的概念、意义与理论解释 [J]. 中央财经大学学报，2002（3）：58-62.

[8] 张明龙. 产业集群的溢出效应研究 [J]. 科技管理研究，2006，26（10）：226-228.

[9] 王晓霞，张轶慧. 产业集群升级：基于网络结构的视角 [J]. 求实，2010（12）：46-49.

[10] 于喜展，隋映辉. 基于城市创新的产业集群生态：系统关联对接与结构演化 [J]. 科技进步与对策，2010，27（21）：56-60.

[11] 唐世芳. 我国产业空间聚集的动态变化及市场导向性 [J].

商业经济研究，2019（8）：176－178.

［12］丁嘉铖．产业聚集、科技创新与经济增长：基于新经济地理学模型的分析［J］．河北经贸大学学报，2021，42（1）：79－89.

［13］王娇俐，花磊，王文平．基于集群企业网络的产业集群升级研究综述［J］．技术经济，2011，30（8）：64－68.

［14］罗勇，曹丽莉．全球价值链视角下我国产业集群升级的思路［J］．国际贸易问题，2008，311（11）：92－98.

［15］吴利学，魏后凯，刘长会．中国产业集群发展现状及特征［J］．经济研究参考，2009（15）：2－15.

［16］邓兴华，梁正，林洲钰．全球价值链视角下的品牌国际化与出口：基于海外商标的实证分析［J］．世界经济研究，2017（9）：87－101.

［17］林学军，官玉霞．以全球创新链提升中国制造业全球价值链分工地位研究［J］．当代经济管理，2019，41（11）：25－32.

［18］陈爱贞．中国装备制造业自主创新的制约与突破：基于全球价值链的竞争视角分析［J］．南京大学学报（哲学·人文科学·社会科学），2008，45（1）：36－45.

［19］孟方琳，王佳豪，李煜华，等．生产性服务贸易对中国制造业在全球价值链提升中的策略研究：基于中美两国比较分析［J］．管理现代化，2020，40（4）：16－18.

［20］朱明珠，孙菁．全球价值链新一轮重构下中国企业突破“低端锁定”的路径选择［J］．商业经济研究，2020（14）：144－147.

［21］陈振，黄成林．创新网络、知识创新与产业集群升级关系研究［J］．当代经济，2016（13）：112－113.

［22］吉敏，胡汉辉．技术创新与网络互动下的产业集群升级研究［J］．科技进步与对策，2011，28（15）：57－60.

［23］王文平，汪桥红，欣慧君．我国制造业集群中企业技术创

新、网络嵌入与集群升级［J］. 东南大学学报（哲学社会科学版），2008，10（6）：18－22，39.

［24］陈建勋，王涛，翟春晓. TMT社会网络结构对双元创新的影响：兼论结构刚性的生成与化解［J］. 中国工业经济，2016（12）：140－156.

［25］沈必扬，池仁勇. 企业创新网络：企业技术创新研究的一个新范式［J］. 科研管理，2005，26（3）：84－91.

［26］魏江，朱海燕. 高技术产业集群创新过程模式演化及发展研究：以杭州软件产业集群为例［J］. 研究与发展管理，2006，18（6）：116－121，138.

［27］李志刚，汤书昆，梁晓艳，等. 产业集群网络结构与企业创新绩效关系研究［J］. 科学学研究，2007，25（4）：777－782.

［28］任胜钢. 企业网络能力结构的测评及其对企业创新绩效的影响机制研究［J］. 南开管理评论，2010，13（1）：69－80.

［29］张旭锐，张颖颖，李勃. 网络异质性、外部知识整合与探索式创新绩效：基于陕西省孵化企业的实证分析［J］. 科学决策，2015（11）：51－65.

［30］张骁，唐勇，周霞. 创新型产业集群社会网络关系特征对创新绩效的影响——基于广州的实证启示［J］. 科技管理研究，2016，36（2）：184－188.

［31］张悦，梁巧转，范培华. 网络嵌入性与创新绩效的Meta分析［J］. 科研管理，2016，37（11）：80－88.

［32］彭英，陆纪任，黄印. 集群创新网络与企业创新绩效关系研究：基于南京软件产业集群的实证分析［J］. 生产力研究，2020（8）：1－3，39.

［33］彭迪云，刘彩梅. 基于产业集群与全球价值链耦合视角的集群企业升级研究［J］. 南昌大学学报（人文社会科学版），2011，42（1）：52－58.

[34] 胡保亮，方刚．网络位置、知识搜索与创新绩效的关系研究：基于全球制造网络与本地集群网络集成的观点 [J]. 科研管理，2013 (1)：18-26.

[35] 吴汉贤，邝国良．企业网络结构对产业集群竞争力的影响分析：基于网络密度 [J]. 科技管理研究，2010，30 (14)：154-157.

[36] 孙冰，姚洪涛．环境不确定性视角下创新网络阶段性演化研究 [J]. 科学学与科学技术管理，2014 (12)：71-79.

[37] 高霞，陈凯华．合作创新网络结构演化特征的复杂网络分析 [J]. 科研管理，2015，36 (6)：28-36.

[38] 吴松强，蔡婷婷，赵顺龙．产业集群网络结构特征、知识搜索与企业竞争优势 [J]. 科学学研究，2018，36 (7)：1196-1205，1283.

[39] 吴钊阳，邵云飞，党雁．产业集群协同创新网络结构演化：以"一校一带"模式为例 [J]. 技术经济，2018，37 (1)：8-17.

[40] 许露元，邹忠全．产业集群跨国网络结构与绩效研究：以广西与越南制造业集群为例 [J]. 外国经济与管理，2019，41 (1)：102-113.

[41] 汤小银，马骥，吴梦君．传统产业集群的网络结构特征及其影响因素识别：基于复杂社会网络分析法 [J]. 技术经济，2020，39 (12)：147-154.

[42] 刘刚，刘捷．开放型产业创新生态系统与传统产业集群升级——以安徽省无为县高沟镇特种电缆产业集群为例 [J]. 安徽师范大学学报（人文社会科学版），2019，47 (2)：39-50.

[43] 李思阳．浅论中国国际分工地位 [J]. 经济研究导刊，2010 (5)：251-253.

[44] 马晓瑜．基于比较优势的视角论我国出口产业的战略调整

[J]. 生产力研究，2009 (7)：137 - 139.

[45] 汪本学，周玉翠. 基于比较优势的浙江省土地资源配置效益研究 [J]. 经济地理，2017，37 (7)：185 - 190.

[46] 王蔚. 中国企业对外投资存在的问题与对策 [J]. 中国市场，2011 (14)：53 - 55，57.

[47] 盛斌，黎峰. 逆全球化：思潮、原因与反思 [J]. 中国经济问题，2020 (2)：3 - 15.

[48] 廖茂林，张明源. 新冠肺炎疫情对中国经济增长的影响 [J]. 福建论坛 (人文社会科学版)，2020 (4)：25 - 33.

[49] 张二震，戴翔. 疫情冲击下全球价值链重构及中国对策 [J]. 南通大学学报 (社会科学版)，2020，36 (5)：92 - 101.

[50] 金碚. 不完美但不可抗的经济全球化 [J]. 中国经济学人 (英文版)，2016，11 (1)：4 - 22.

[51] 刘芹. 产业集群升级研究述评 [J]. 科研管理，2007，28 (3)：57 - 62.

[52] 吴利学，魏后凯，刘长会. 中国产业集群发展现状及特征 [J]. 经济研究参考，2009 (15)：2 - 15.

[53] 杨林生，曹东坡. 生产者服务业集聚与制造业低端锁定的突破：基于俘获型治理视角的研究 [J]. 商业研究，2017 (4)：143 - 153.

[54] 刘佳斌，王厚双. 我国装备制造业突破全球价值链"低端锁定"研究：基于智能制造视角 [J]. 技术经济与管理研究，2018 (1)：113 - 117.

[55] 李占国. 论实现"以市场换技术"策略的战略转移 [J]. 生产力研究，2010 (11)：4 - 5，8.

[56] 刘会政，朱光. 全球价值链嵌入对中国装备制造业出口技术复杂度的影响：基于进口中间品异质性的研究 [J]. 国际贸易问题，2019 (8)：80 - 94.

[57] 刘志彪，张杰．从融入全球价值链到构建国家价值链：中国产业升级的战略思考［J］．学术月刊，2009（9）：59－68.

[58] 蒋鹏飞．FDI 对中国 GVC 分工地位的影响：基于价值链升级的视角［J］．技术经济与管理研究，2019（9）：21－27.

[59] 项后军．核心企业视角的产业集群与企业技术创新关系的重新研究［J］．科研管理，2010，31（4）：173－180.

[60] 俞顺洪．全球价值链视角下我国中小企业自主创新能力提升研究［J］．对外经贸，2016（6）：115－118.

[61] 向亚玲，陈丰云，黄倩，等．国家质量技术基础对“一带一路”战略支撑作用分析［J］．中国标准化，2020（7）：178－181.

[62] 官轲楠，徐文见．韩国国家质量基础设施立法及其启示［J］．标准科学，2020（9）：12－16，26.

[63] 李婷婷．我国国家质量技术基础面临机遇与挑战分析［J］．品牌与标准化，2018（5）：28－30.

[64] 徐成华．国家质量基础设施技术体系建设的实践与思考［J］．中国市场监管研究，2020（1）：23－26.

[65] 陈岳飞，张云曼．国家质量基础设施（NQI）协同服务的政策支持［J］．中国检验检测，2020，28（3）：3－5.

[66] 张豪，蒋家东．质量基础设施与经济增长：理论与实证［J］．工业工程与管理，2020，25（2）：195－202.

[67] 岳飞，邓树新．国家质量基础设施（NQI）融合发展的制约因素分析［J］．中国检验检测，2021，29（1）：6－8，12.

[68] 蒋家东，李相稹，郑立伟．国家质量基础设施研究综述［J］．工业工程与管理，2019，24（2）：198－205.

[69] 张遥奇，马国梅，陈岳飞．国家质量基础设施协同服务中的政府责任及实现路径［J］．中国检验检测，2020，28（2）：3－5，15.

[70] 张宝友，黄妍，杨玉香，等．质量基础设施如何影响我国经济高质量发展［J］．经济问题探索，2021（2）：13－30.

[71] 孙志燕，郑江淮．加快在国家层面推动“技术集群”的战略布局，拓展高质量发展新空间 [J]. 现代管理科学，2021 (3)：3 –7.

[72] 郭栋．浅析国家质量基础面临的机遇与挑战 [J]. 中国认证认可，2016 (2)：59 –62.

[73] 李婷婷，赵陕雄．我国国家质量技术基础现状及调查分析 [J]. 科技资讯，2018，16 (31)：151 –152，154.

[74] 陈钢．加强质量技术基础建设助推经济提质增效升级 [J]. 行政管理改革，2016 (10)：30 –35.

[75] 沈坤荣，赵倩．以双循环新发展格局推动“十四五”时期经济高质量发展 [J]. 经济纵横，2020 (10)：18 –25.

[76] 朱鸿鸣．双循环新发展格局的内在结构与误区廓清 [J]. 东北财经大学学报，2020 (6)：3 –11.

[77] 田博文，高潇潇，姜伊朦．新能源汽车产业技术标准化如何发展：基于网络构建和创新价值链的标准文本分析 [J]. 技术经济，2020，39 (5)：18 –28.

[78] 门剑中．我国国家质量基础共性问题分析及发展路径研究 [J]. 大众标准化，2019 (16)：96 –97.

[79] 马中东，宁朝山．基于全球价值链的国家质量基础与产业集群质量升级研究 [J]. 统计与决策，2020，36 (15)：14 –18.

[80] 任春华，孙林夫．面向协作企业群的三阶段主客观公平权重动态评价 [J]. 计算机集成制造系统，2019，25 (11)：2874 –2891.

[81] 李卫红，彭建华．浅析统计技术在质量管理体系中的应用 [J]. 数理统计与管理，2004，23 (4)：70 –72.

[82] 毛帅．工业企业质量竞争力指数体系研究 [J]. 能源技术与管理，2013，38 (5)：168 –170.

[83] 刘舒林，欧光军．我国省域高技术产业高质量发展能力评价研究 [J]. 生产力研究，2020 (12)：8 –12，72.

［84］马中东，宁朝山．基于全球价值链的国家质量基础与产业集群质量升级研究［J］．统计与决策，2020，36（15）：14－18.

［85］张豪，蒋家东．质量基础设施与经济增长：理论与实证［J］．工业工程与管理，2020，25（2）：195－202.

［86］温志宏．第三产业升级优化的评价指标［J］．统计与决策，2004（9）：42－43.

［87］杨建华，卢波．区域电子信息产业发展的评价指标体系研究［J］．哈尔滨工业大学学报（社会科学版），2005，7（4）：56－60.

［88］张毅．创意产业评价指标体系探索［J］．产业与科技论坛，2007（1）：115－116.

［89］刘义成．高端产业发展质量评价指标体系构建［J］．兰州学刊，2009（6）：78－82.

［90］马永军，芮强．中国战略性新兴产业发展质量测算与评价：基于全要素生产率视角［J］．湖南工业大学学报，2020，34（5）：56－63.

［91］锦强，杨宗峰．区域产业高质量发展内涵与评价测度：以甘肃省为例［J］．社科纵横，2020，35（10）：50－58.

［92］苗峻玮，冯华．区域高质量发展评价体系的构建与测度［J］．经济问题，2020（11）：111－118.

［93］文鹏，廖建桥．不同类型绩效考核对员工考核反应的差异性影响：考核目的视角下的研究［J］．南开管理评论，2010，13（2）：142－150，158.

［94］米捷，林润辉，董坤祥，等．OFDI 企业与本土集群企业知识共享的演化博弈分析：基于知识位势的视角［J］．管理评论，2016，28（9）：106－120.

［95］王朋举．企业联盟成员间失败知识共享的演化博弈分析［J］．情报理论与实践，2017，40（8）：112－116.

[96] 韩莹，陈国宏. 多重网络嵌入与产业集群知识共享关系研究 [J]. 科学学研究，2016，34 (10)：1498 - 1506.

[97] 王永明，鲍计炜. 集群供应链知识共享行为演化博弈分析 [J]. 科技管理研究，2019，39 (4)：142 - 149.

[98] 李煜华，聂德才，胡瑶瑛. 基于演化博弈的创意产业集群知识共享策略研究 [J]. 商业研究，2014 (2)：24 - 29.

[99] 菅利荣，王大澳. 政府调控下的战略性新兴产业集群企业知识共享演化博弈 [J]. 系统工程，2019，37 (4)：30 - 35.

[100] 苏先娜，谢富纪. 企业技术创新合作策略选择的演化博弈研究 [J]. 研究与发展管理，2016 (1)：132 - 140.

[101] Marshall A. Principles of economics：Unabridged eighth edition [M]. Cosimo，Inc.，2009.

[102] Becattini G. The Marshallian industrial district as a socio-economic notion [J]. Industrial Districts and Inter-firm Co-operation in Italy，1990：37 - 51.

[103] Piore M J，Sabel C F. The Second Industrial Divide：Possibilities for Prosperity [M]. New York：Basic Brooks，1984.

[104] Scott A J. New Industrial Spaces：Flexible Production Organization and Regional Development in North America and WesternEurope [M]. London：Pion，1988.

[105] Storper M. The Regional World：Territorial Development in a Global Economy [M]. New York：Guilford Press，1997.

[106] Aydalot P，Keeble D. High Technology Industry and Innovative Environments：The European Experience [M]. London：Routledge，1988.

[107] Porter M E. On competition [M]. Doston Harvard Business School Press，1998.

[108] Porter M E. Clusters and New Economics of Competition [J].

Harvard Business Review, 1998, 76 (6): 77 -90.

[109] Krugman P R. Increasing Return and Economic Geography [J]. Journal of Political Economy, 1991, 99 (3): 483 -499.

[110] Humphrey J, Schmitz H. How does insertion in global value chains affect upgrading in industrial clusters? [J]. Regional Studies, 2002, 36 (9): 1017 -1027.

[111] Humphrey J, Schmitz H. Governance and upgrading: Linking industrial cluster and global value chain research [M]. Brighton: Institute of Development Studies, 2000.

[112] Humphrey J, Schmitz H. Trust and inter-firm relations in developing and transition economies [J]. The Journal of Development Studies, 1998, 34 (4): 32 -61.

[113] Kaplinsky R. Spreading the Gains from Globalisation: What can be Learned from Value Chain Analysis [R]. Institute of Development Studies, Working Paper, 2000.

[114] Uzzi B. Social Structure and Competition in Interfirm Networks: The Paradox of Embeddedness [J]. Administrative Science Quarterly, 1997, 42 (1): 35 -67.

[115] Saxenian A. High - Tech Dynamics (Book Reviews: Regional Advantage. Culture and Competition in Silicon Valley and Route 128.) [J]. Science, 1994, 264: 1614 -1615.

[116] Simon H. Hidden champions of the twenty-first century: Success strategies of unknown world market leaders [M]. Springer New York, 2009.

[117] Ahokangas P, Hyry M , Rasanen P. Small Technology-based Firms in a Fast-growing RegionalCluster [J]. New England Journal of Entrepreneurship, 1999 (2): 33 -35.

[118] Porter M E. On competition [M]. Doston Harvard Business

School Press, 1998.

[119] Kaplinsky R, Morris M, Readman J. The globalization of product markets and immiserizing growth: lessons from the South African furniture industry [J]. World Development, 2002, 30 (7): 1159 - 1177.

[120] Humphrey J, Schmitz H. Governance in global value chains [J]. IDS Bulletin, 2001, 32 (3): 19 - 29.

[121] Gereffi G. International trade and industrial upgrading in the apparel commodity chain [J]. Journal of International Economics, 1999, 48 (1): 37 - 70.

[122] Feenstra R C. New evidence on the gains from trade [J]. Review of World Economics, 2006, 142 (4): 617 - 641.

[123] Frederick S , Gereffi G. Upgrading and restructuring in the global apparel value chain: Why China and Asia are outperforming Mexico and Central America [J]. International Journal of Technological Learning Innovation and Development, 2011, 4 (1): 67 - 95.

[124] Carbonara N. Innovation processes within geographical clusters: Acognitiveapproach [J]. Technovation, 2004, 24 (1): 17 - 28.

[125] Butler J E, Hansen G S. Network evolution, entrepreneurial success, and regional development [J]. Entrepreneurship & Regional Development [J]. 1991, 3 (1): 1 - 16.

[126] Håkansson H, Snehota I. No business is an island: The network concept of business strategy [J]. Scandinavian Journal of Management, 2006, 22 (3): 256 - 270.

[127] Escribano A , Fosfuri A , Tribo J A. Managing external knowledge flows: The moderating role of absorptive capacity [J]. Research Policy, 2009, 38 (1): 96 - 105.

[128] Burt R. Structural Holes: the social of Competition, Cam-

bridge, Massachusetts, and London, England [M]. Harvard University Press, 1995.

[129] Valenzuela A, Contreras O F. Trust and technological innovation in small companies: Metal mechanicand information technology industries in Sonora [J]. Papelesde Población, 2013, 19 (76): 1405-1425.

[130] Tschang F T, Goldstein A. The Outsourcing of "Creative" Work and the Limits of Capability: The Case of the Philippines' Animation Industry [J]. IEEE Transactions on Engineering Management, 2010, 57 (1): 132-143.

[131] Pietrobelli C, Rabellotti R. Global value chains meet innovation systems: Are there learning opportunities for developing countries? [J]. World development, 2011, 39 (7): 1261-1269.

[132] Vries J D, Schepers J, Weele A V, et al. When do they care to share? How manufacturers make contracted service partners share knowledge [J]. Industrial Marketing Management, 2014, 43 (7): 1225-1235.

[133] Estrada I, D Faems, Faria P D. Coopetition and product innovation performance: The role of internal knowledge sharing mechanisms and formal knowledge protection mechanisms [J]. Industrial Marketing Management, 2016 (53): 56-65.

[134] Nash J. Non-cooperative games [J]. Annals of mathematics, 1951: 286-295.